중국문화답사기 3

파촉[巴蜀] 지역의
천부지국[天府之國]을 찾아서

답사기 중국문화 3

중국문화 답사기 3

파촉巴蜀 지역의
천부지국天府之國을 찾아서

권석환 · 김동욱 · 심우영 · 정유선 · 김순희 공저

다락원

중국문화답사기를 시작하며

　우리 땅의 조상들은 '세계'가 바로 '중원'이라는 인식을 가지고 있었다. 그래서 세계를 이해하기 위해 '중원'을 찾아야 한다고 생각하였고 중원 땅을 직접 가보는 것을 평생의 소원으로 삼았다. 그러나 중원 땅을 직접 밟는 기회를 얻기란 그리 쉬운 일이 아니었다. 그러기에 꿈속에서 여행을 떠나고 상상의 와유臥遊를 다녔는가 하면, 가상의 주인공이 되어 중원의 세계를 두루 밟고 다니기도 했다. 이처럼 우리에게 중원 땅은 세계 그 자체였다.

　중원 땅을 직접 밟았던 사람들은 학문을 터득하기 위해 떠났던 유학생, 불법佛法의 터득과 수행을 목적으로 삼았던 학승學僧, 국가간의 외교업무를 담당했던 사신使臣, 사신을 수행하여 통역을 담당했던 역관譯官, 대외 무역을 통해 이익을 추구했던 상인, 전쟁 포로나 외교 관계상의 인질, 항해 중 표류되었던 선원 등 다양하다. 이들 중 가장 먼저 의도적으로 선진 문화를 배우기 위해 떠났던 사람들은 통일신라시대 유학생들이었다. 그들 이후, 우리의 선각자들은 중원 땅에서 보고 느낀 것, 터득한 정보와 지식 등을 모두 기록으로 남겼다. 때론 시문으로, 때론 유람기로, 또는 외교문서로 또는 국가보고서의 형식으로 표현하였다. 통일신라의 최치원崔致遠이나 고려 말의 이제현李齊賢 등이 남긴 시문, 명나라와 청나라로 갔던 사신이나 군관자제들이 남긴 외교문서나 『조천록朝天錄』·『연행록燕行錄』의 기행문이 대표적이다. 이들은 다른 사람들보다 먼저 중심 문명을 학습하기 위해 수많은 고난을 감수해야 했지만 이 기록들은 우리 문화의 기초를 형성하는 데 결정적인 역할을 했다.

그러나 19세기 말 이후, 중국 문화에 대한 기록은 찾아보기 힘들다. 이 기간, 우리에게 중원은 세계의 중심이 아니라 하나의 변방에 불과했다. 서구가 세계의 중심이 되었기 때문이다. 중국 문화의 가치는 폄하되었고, 더 이상 기록할 의미가 없는 문화로 인식되었다. 그 결과는 고스란히 동서 문화에 대한 왜곡과 전통 문화유산에 대한 몰이해로 이어졌다.

이제 21세기, 중국은 다시 세계의 중심으로 부상하고 있으며, 다시 우리와 가까워졌다. 한·중 양국을 왕래하는 사람도 연간 100만 명을 넘어섰으며, 경제적으로 중국은 한국의 최대 교역국이 되었다. 정치·문화·사회·외교·스포츠 등 각 분야에서도 중국의 영향력은 날로 강화되고 있으며, 우리의 인식도 '다시 중국으로' 라는 쪽으로 바뀌어가고 있다. 또한 한 세기 넘게 소외되었던 중국 문화에 대한 기록들이 다시 서점 한 편을 차지하게 되었다.

이제는 중원 땅을 밟는 것이 평생의 소원으로 삼을 만큼 어려운 일은 아니다. 세계를 하나로 만드는 교통·통신수단은 중국을 더욱 가까운 나라로 만들고 있다. 그러나 쉽게 접근하기에 우리는 중국을 너무 모르고 있다. 한자에서 멀어진 우리 문화도 중국으로의 접근을 어렵게 하고 있다.

앞으로 세계의 중심에서 활동하려는 젊은이들을 위해 새롭게 부상하는 중국의 문화유산을 새롭고 다양한 각도에서 조망해야 할 때가 되었다. 다시 말해, 지금은 '새로운 연행록'이 필요한 시기이다. 이런 문제의식을 지닌 국문학·중국문학·조경학·건축학 전공자들이 모여 한·중 양국의 문화경관을 직접 답사하고 그 결과물을 정리하려는 취지에서 '중국문화경관연구회中國文化景觀研究會'를 결성하였다. 여러 전공의 연구자들이 모인 이유는 복합적인 중국 문화를 다양한 시각으로 파악하기 위해서이다.

중국인은 전통적으로 자연을 숭상하여 때로 자연을 벗 삼아 유람하기도 하고 때로는 자연에 순응하기도 했지만 한편으로는 생활에 맞게 자연을 적극적으로 개발했다. 이런 태도나 해석들이 문화유산으로 남아 문화경관을 만들었다. 그러므로 중국의 문화경관 속에는 중국인의 오랜 역사문화와 일상의 삶이 고스란히 담겨져 있다.

중국을 이해하는 접근방법은 여러 가지다. 첫째는 지리적 접근 방법이다. 화북華北·화중華中·화남華南·동북東北·서북西北·서남西南 지역 등으로 나누는 방법인데, 이는 지리적 위치를 기준으로 삼았기 때문에 문화와 역사적 면모를 파악하는 데 한계가 있다. 둘째는 행정 단위별 파악 방법이다. 23개의 성省, 5개의 자치구, 4개의 직할시, 2개의 특별행정구를 정리하여 34개의 행정구획으로 나누는 방법인데, 이는 너무 세분화된다는 점에서 문제가 있다. 셋째는 여행권역별로 나누는 방법인데, 중원中原(화북·중앙여행구)·동부연해東部沿海·천한川漢·화남열대경관華南熱帶景觀·서남암용지모西南岩溶地貌·서북사주지로西北絲綢之路·동북東北·북강새외北疆塞外·청장고원유목青藏高原遊牧여행구 등으로 나눈다. 이는 지리·기후 등 자연조건을 기준으로 한 것이기 때문에 여행가이드로는 적합할지 모르나 문화 이해를 위한 기준으로 삼기에는 부족하다. 중국의 문화경관을 통합적으로 파악하기 위해서는 문화·역사적 배경을 기준으로 나누는 것이 올바른 접근 방법이다. 바로 다음의 여섯 권역으로 나눈 것이 문화지리학적 접근 방법이라고 할 수 있다.

1) 중원中原 지역의 천년지도千年之都를 찾아서
2) 제로齊魯 지역의 공맹지도孔孟之道를 찾아서
3) 형초荊楚 지역의 도원지몽桃源之夢을 찾아서
4) 파촉巴蜀 지역의 천부지국天府之國을 찾아서
5) 오월吳越 지역의 수향水鄉을 찾아서
6) 운남雲南 지역의 칠채지연七彩之緣을 찾아서

우리 중국 문화경관연구회에서는 이상의 6개 지역을 연차적으로 답사하고 체험 결과를 바탕으로 자료를 정리했다. 답사를 가기 전, 반드시 답사지역에 대한 문헌과 영상 자료를 취합하여 자료집을 마련하고, 이를 토대로 사전 모의를 통해 상호 관심 사항을 점검했으며, 실제 답사에서 확인해야 할 사항들을 꼼꼼히 점검해 현장에서 누락되는 부분이 없도록 최선을 다했다. 각자가 직접 각 지역에서 견문한 것을 정리하되 사진 · 도판 · 그림 등 현장의 이미지 전달에 중점을 두었다. 이는 텍스트 위주의 기존 서술 방법을 탈피해 이미지와 텍스트를 통해 문화경관을 더 생생하게 이해해보자는 집필진의 의도에서다. 여러 전공자들이 함께 답사에 참여하고 공동으로 집필한 만큼 학제적 사고를 통하여 중국 문화에 대한 심도 있는 접근이 가능했다.

이러한 우리의 시도가 한 · 중 양국의 문화경관에 대한 새로운 접근방법이 될 수 있으리라 생각한다. 우리는 이 문화 · 지리적 방법으로 한 · 중 양국 문화경관의 동질성과 차이점을 재조망 하고자 한다. 우리의 목표는 여행용 가이드북을 만드는 것도, 중국 문화에 대한 전문서적을 만들자는 것도 아니다. 이 책이 우리나라 사람들에게 역사와 문화의 산물인 중국의 문화경관을 올바로 볼 수 있는 안목을 제공해 주는 지침서가 되기를 바란다.

파촉문화 경관서

  파촉문화巴蜀文化 지역은 현재의 행정구역상 대략 사천성四川省에 해당한다. 파촉巴蜀을 함께 부르게 된 것은 진한秦漢 시대 이후의 일이지만, 역사적으로는 춘추시대 이전에 이미 사천 지방에 파국巴國과 촉국蜀國이 공동의 문화를 형성하고 있었다. 이런 연유로 지금은 사천성 일대를 '파촉'이라 부르기도 한다.

  이 지역은 지금부터 4천 년 전에 이미 문명이 탄생하였다. 대략 산동 지역의 용산문화龍山文化와 비슷한 시기의 신석기 문화로부터 출발하였다. 지금으로부터 4,000년에서 3,000년 전 사이 고촉국古蜀國의 어부씨魚鳧氏와 두우씨杜宇氏가 있었다는 전설이 전해져 왔는데, 이 나라가 중원 지방의 상주商周와 함께 이 지역에서 존재했었다는 것이 유물이 발견됨에 따라 역사적 사실로 밝혀졌다. 특히 고촉국의 청동기 문화가 무더기로 발견된 삼성퇴三星堆의 유물을 보면, 이곳에 당시 중원지방 국가와 어깨를 나란히 하였던 찬란한 문화가 존재하였음을 알 수 있다.

  파촉문화는 사천 분지의 고원 평원에서 탄생하였다. 해발 1천~2천m의 고원 평원은 물산이 풍부하여 예로부터 '천부지국天府之國'이라 알려져 왔다. 사천성은 중국 서남 지방의 오지에 해당하지만, 호남湖南 · 호북湖北 · 귀주貴州 · 운남雲南 · 서장西藏 · 청해靑海 · 감숙甘肅 · 섬서陝西 등의 8개 성과 접경을 이루고 있다. 이처럼 하나의 성이 여러 개의 성과 경계를 이루는 경우는 중국에서 유일하다. 사천성은 장강의 중상류에 위치하고 있어 중국 서부 지역에서 동쪽으로 오가는 주요 통로 역할을 하였다. 중국 곡창지대인 사천 분지는 계절마다 다양한 산물이 생산되고, 이 때문에 다채로운 음식 문화가 발달하였다. 이 지역은 추위와 더위가 심하기 때문에 요리를 만들 때 식욕을 돋우기 위해 마늘 · 파 · 붉은 고추를 많이 사용한다. 이 지역의 요리를 우리는 '천채川菜' 혹은 '사천요리'라고도 부른다.

이번 우리의 답사는 대략 네 개의 코스로 이루어졌다.

제1코스는 사천성의 수도인 성도成都에서 민강岷江과 민산산맥岷山山脈을 따라 서북쪽으로 올라가며 구채구九寨溝와 황룡黃龍을 답사하는 것이다. 이 코스의 직선거리는 버스로 11시간이 소요된다. 이 지역에서는 자연이 만들어낸 천연 경관에 대한 답사가 중심을 이룬다. 구채구와 황룡은 인간선경人間仙境, 인간요지人間瑤池로 불릴 정도로 환상적인 곳으로 1992년 유네스코는 이곳을 '세계자연유산'으로 지정하였다. 이 두 곳은 모두 아패장족강족자치구阿壩藏族羌族自治區 안에 있다. 장족藏族 지역은 본래 신석기 시대부터 문명이 시작되었지만, 본격적으로는 당나라 때 티베트의 송찬간포松贊干布가 이곳의 중심지인 송반松潘까지 진격하였다가 당나라군과 여러 차례 전쟁 끝에 패한 후, 전쟁에 참여하였던 티베트 군인이 퇴각하지 않고 이 지역에 잔류하면서 장족마을을 형성하기 시작하였다. 그래서 이곳 사람들은 주로 장족불교(티베트불교, 藏傳佛敎)를 믿고 있다. 구채구는 해발 3,000m 이상의 고산에 쌓인 흰 눈, 푸른 하늘, 청록색 맑은 물 호수가 어우러져 환상적인 경관을 연출하는 곳이다. 황룡은 민산岷山의 정상인 설보정雪寶頂(5,588m)의 설산 아래로부터 탄산칼슘이 침적되어 카르스트 지형을 이루고, 원시림을 흐르는 물이 폭포와 협곡을 만들어낸 곳이다. 마치 거대한 황룡이 꿈틀대는 것과 같다고 하여 '황룡'이라고 부른다. 이 두 곳의 천연 경관은 인간의 발길을 허용하면서 서서히 그 신비감을 잃어 가고 있지만, 그것을 잘 보존하려는 중국인의 노력과 인문적 요소의 보충으로 점차 새로운 경관으로 탄생하는 과정이 눈여겨볼 만하다. 장족과 강족 등 소수민족의 이국적 풍물과 함께 두 경관의 인문화 과정을 살펴보는 것도 재미있는 일이다.

제2코스는 다시 성도에서 서남쪽으로 미산眉山을 지나 낙산樂山과 아미산峨眉山(3,099m)을 답사하는 코스다. 먼저 가장 아래 아미산 답사부터 시작한다. 아미산은 사천 분지 서남부에 위치하고 있으며, 아미산시에서는 약 7km 떨어진 곳에 있다. 중국 불교의 4대 명산으로 알려진 곳이기 때문에 유명한 사찰이 많다. 근대 중국 사찰은 사회주의를 거치면서 도량道場으로서의 문화적 관심을 보일 만한 가치가 없을 뿐 아니라, 이번 답사에는 폭우까지 겹쳐 사찰을 자세하게 답사할 수 없었다. 대신 아미산의 팔경을 돌아보았다. 미산은 중국 중세 문명의 최고봉에 올랐던 소동파蘇東坡의 고향이다. 후대인들은 소동파, 그리고 그의 아버지 소순蘇洵, 그의 동생 소철蘇轍을 '삼소三蘇'라고 불렀으며, 이곳에는 이들을 기리는 삼소사三蘇祠가 있다. 동아시아 중세 문화사에서 삼소가 가지는 의미를 되새기는 한편 성도에 있는 두보초당杜甫草堂과 함께 파촉 지방의 정원문화를 살펴볼 수 있다. 아미산 동쪽으로 20여km를 가면 낙산樂山이 있다. 이곳에서는 중국의 6대 석불 중의 하나인 낙산대불樂山大佛의 웅장한 모습을 볼 수 있다.

제3코스는 성도를 출발하여 삼국지 유적지인 촉도蜀道를 따라 광원廣元의 명월협明月峽에 이른다. 면양綿陽을 지나 검문각劍門閣에 올라 삼국지 영웅이 남긴 유적을 되새기고, 파촉에서 장안으로 들어가는 관문인 조천朝天 명월협에 있는 잔도棧道를 따라 걸어보기도 하였다.

제4코스는 성도 일대에 대한 답사다. 성도는 촉국의 수도로 지금 사천성의 행정수도이다. 파국의 중심지였던 중경重慶보다 도시 규모는 작지만 문화적으로는 중경보다 우위에 있다. 이곳에는 두보가 안사安史의 난을 피해 살았던 두보초당이 있고, 제갈공명諸葛孔明을 비롯한 삼국지의 영웅을 기리는 무후사武侯祠가 있다. 두보초당은 성도시 서쪽 완화계浣花溪 가에 있는데, 이곳은 두보의 불후의 명작이 탄생한 창작의 산실로 중국 시의 최고 명승지다. 이곳에서 그의 시와 초당, 그리고 원림의 모습을 함께 살펴보았다. 다음으로 성도 동쪽에 위치한 사천대학四川大學과, 그 옆에 있는 망강루望江樓 공원을 찾았다. 이곳에서는 당나라 여류 시인인 설도薛濤(?~832)의 시 세계와 만난다. 성도에서의 마지막 일정은 성도 부근의 광한시廣漢市에 있는 삼성퇴三星堆 유적지와 삼성퇴박물관에 대한 답사였다. 이곳에는 파촉

문화의 근원을 알 수 있는 고촉국의 청동기 문화가 고스란히 보존되어 있다. 전통과 현대건축이 잘 어우러진 박물관도 볼만한 가치가 있다.

자! 이제 땅이 비옥하고 천연자원이 풍부한 파촉의 천부지국天府之國을 찾아 떠나보자.

Contents
이책의 차례

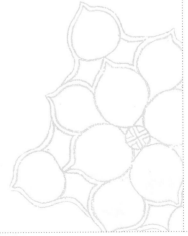

고촉 문명의 신발견

– 삼성퇴박물관

제1장. 고촉 문명의 신발견 – 삼성퇴박물관

　사천성의 수도 성도에서 동북쪽으로 35km 떨어진 곳에 광한시廣漢市라는 아주 조용한 중소도시가 있다. 광한시는 광원廣元에서 검문劍門을 지나 면양綿陽으로 이어지는 촉도蜀道의 마지막 관문에 해당한다. 촉도는 그 옛날 중원 땅에서 촉나라로 들어오는 유일한 도로였다. 광한에서 이 길을 거슬러 8km 정도를 달리면 두 개의 하천이 나타난다. 서북쪽에서 동쪽으로 흐르는 압자하鴨子河와 서남쪽에서 동쪽으로 흐르는 마목하馬牧河가 그것이다. 마목하의 남쪽 언덕에는 황토 무더기 세 개가 솟아 있는데 이것이 바로 그 유명한 삼성퇴三星堆 문물 유적지다. 이것은 마목하의 북쪽 언덕과 압자하의 남쪽 사이에 있는 월량만月亮灣과 마주해 이 두 곳을 두고 '삼성이 달과 짝을 하고 있다三星伴月'라고 표현한다.

　이곳에서 1986년에 전 세계를 놀라게 한 고대의 제사갱이 발견되었다. 이 제사갱의 발견을 두고 사람들은 '20세기 세계 고고학계의 가장 중대한 발견'이라고 하는가 하면 '수천 년의 잠에서 깨어나자마자 세상을 놀라게 한 발견'이라고 했다. 이 역사유물은 아직도 정리와 연구 단계에 있고 수수께끼처럼 신비에 싸여있다. 삼성퇴는 광의적으로 말하면, 방촉문화구方蜀文化區, 박물관구博物館區, 수상문화오락구水上文化娛樂區, 현대전원구現代田園區, 월량만구月亮灣區, 성벽유적구城墙遺迹區 등을 포괄하는 대형 유람지역이지만, 협의적으로는 1986년에 발견된 삼성퇴 세 구에 있는 두 개의 제사갱을 지칭한다.

○ 1997년 10월 29일 개관한 삼성퇴박물관의 전경. 이 박물관은 성도에서 40Km 떨어져 있는 광한시廣漢市에 위치하고 있으며, 사천성의 10대 건축물 중의 하나로 꼽힐 정도로 유명하다. 전체 면적이 20만㎡이고, 전시 공간은 4천㎡에 해당하며, 인민폐 3,000만 위안을 투자하여 지었다고 한다. 삼성퇴 유적지에서 출토된 청동기 유물을 전시하고 있다.

1929년 현지 농민 연도성燕道誠이라는 사람이 집 옆에 수차를 이용하여 논에 물을 대기 위해 도랑을 파는 작업을 하다가 도랑 바닥에서 옥기玉器를 발견하였다. 이것이 최초로 발견된 삼성퇴 유물이고, 유물은 모두 400여 점에 달했다. 연도성의 집안사람들은 유물을 밖으로 유출시켰고, 일부는 해외로 팔려나갔다. 그 후 1933년 화서대학華西大學의 외국인 교수가 처음 발굴 작업을 시작한 이래, 여러 차례 소규모의 발굴이 진행되었으며, 1980년 4월에는 대규모의 발굴 작업이 펼쳐졌다. 이 때 출토한 유물이 수만 점에 달했다고 한다.

두 개의 제사갱에서 옥석 제기 10여 건이 나왔고, 희생 동물의 뼈가 3㎡ 이상 쌓여 있었으며, 많은 양의 금기金器와 청동기가 나왔다. 한 갱에서는 60여 묶음의 상아가 출토되었다. 유물 중에 가장 주목해야 하는 것은 청동

❂ 삼성퇴 2호 갱에서 출토된 청동인면상靑銅人面像. 반원추형 가면 형식. 청동인면상은 1호갱에서 1건, 2호 갱에서 20건(그중에서 완전한 것은 14건)이 출토되었다. 얼굴이 순박하고 부드러운 1호 갱의 것에 비해 2호 갱의 것은 날카로우면서 위협적이고, 양기가 넘치는 영웅 형상을 하고 있다. 코가 높고, 이마가 넓으며 귀가 크다. 칼 모양의 눈썹과 은행 모양의 큰 눈에, 안구가 밖으로 약간 도드라져 나왔고, 일자로 굳게 다문 입과 함께 강한 인상을 준다.

기다. 이것을 보면 왕실이 아니고서는 불가능할 정도로 제사의 규모가 매우 컸음을 알 수 있다. 출토된 금장金杖 위에는 왕관을 쓴 사람이 새겨져 있는데, 이것이 바로 왕조의 존재를 알려준다.

도기와 청동기에는 새 모양의 도안이 많다. 도기의 머리 부분에는 새 머리 장식이 있고, 금장에도 물고기와 새의 도안이 있다. 새의 모양은 서로 비슷한데, 가마우지와 아주 흡사하게 생겼다. 이것은 고촉국의 어부魚鳧 왕조를 상징한다. 어부 왕조의 뒤를 이은 두우杜宇 왕조 역시 두견새를 가지고 이름을 지었다. 이를 보면, 삼성퇴 문화 소재지는 어부와 두우 왕조의 도성지였을 것이라 추정할 수 있다. 월양만을 중심으로 총면적이 2.6㎢에 달하는 지역에 북으로 압자하와 동남서 방면에 판축 성벽을 쌓은 것으로 보아 도성지임이 분명하다. 성 아래에는 깊이 2.8m의 성호城壕가 있으며, 지금 남아 있는 성의 길이는 2,000m, 가장 높은 곳은 7m, 하단 부분 가장 넓은 곳은 40여m, 상단 부분 가장 넓은 곳은 20여m이다. 3면에 성을 쌓고 한 면은 물에 닿아 있다. 본래는 동서의 길이가 1,600~2,100m, 남북의 너비가 140m에 달했다고 한다. 연대를 측정해 보니 대략 기원전 2700년에서 기원전 900년까지에 해당한다. 이는 중원 지역의 신석기 후기 서주西周 초기에 해당한다.

삼성퇴 문물 중에서는 청동기 예술이 가장 발달하였다. 특이한 예로는 식물을 표현한 일명 통천신수通天神樹를 꼽을 수 있다. 이는 인간과 하늘의 왕래를 표현한 것으로, 태양과 달이 떴다가 가라앉는 장소와 우주와의 소통을 상징한다. 구름을 뚫고 솟아있는 무성하고 높은 나무, 그 가지에는 퍼덕거리는 아홉 마리 새神鳥가 앉아

○ 통천신수通天神樹

○ 삼성퇴 2호에서 발굴된 청동종목인면상青銅縱目人面像. 형체가 클 뿐 아니라(가장 큰 것이 높이 65cm, 넓이 138cm) 안구가 밖으로 툭 튀어 나왔다(가장 긴 것이 16.5cm). 양쪽 귀를 마치 짐승의 귀처럼 매우 과장되게 표현하였고, 세 겹으로 된 입술이 귀 볼까지 이어져 미소 짓는 모습을 하고 있다. 이 인면상은 기이한 느낌과 함께 친밀한 느낌을 동시에 지니고 있다. 또 다른 종류로는 코 위에 66cm정도의 장식을 단 것도 있다. 하늘과 통하는 구름무늬 같기도 하고, 구불구불한 뿔을 단 새가 날개를 펼치고 날아가는 듯한 모습을 하고 있다.

있다. 새는 매의 주둥이에 두견의 몸체를 하고, 태양의 정혼精魂을 담은 금조의 형상이다. 이는 태양신의 상징이다. 하단부의 둥근 발에 솟은 언덕은 무당이 승천하는 영산靈山을 상징한다. 하늘에서 땅으로 하강하는 신룡神龍도 새겨져 있다. 이는 아마도 신이 사는 천상의 세계를 몰랐던 고촉 사람들이 상상의 신수를 만들어 세속과 천상을 소통하는 하늘 사다리로 삼았던 것으로 추정된다.

　그 다음은 청동상青銅像을 들 수 있다. 제1호와 제2호 갱에서 다량의 청동상이 발견되었는데, 형체가 각각 다르며, 조형이 매우 과장적이다. 이 형상을 처음 보고 놀라지 않는 사람은 드물 것이다. 청동인두상은 대략 네 종류이다. 첫째는 청동인상이다. 원형과 반원형을 하고 있으며, 입인상立人像, 소인상小人像, 궤인상跪人像 등이 있다. 2호 갱에서 출토된 대형 입인상은 머리에 화려한 관을 쓰고 몸에는 용무늬가 새겨진 긴 도포를 입고 있다. 마치 연미복과 같다. 부리부리하게 큰 눈에 두 손은 과장적인 수법을 사용하여 둥그런 모양을 짓고 있다. 맨발로 2층의 네모진 좌석에 서 있는데, 부리부리한 눈과 넓은 입으로 보아 비범한 신분이 아님을 금방 알 수 있다. 두 손이 잡고 있는 것이 무엇인가에 대하여 사람들의 의견이 분분하다. 어떤 사람은 제사를 지낼 때 사용하는 옥종玉琮이라고 하고, 어떤 사람은 상아라고 하고, 어떤 이는 법기法器라고 한다. 아무튼 무당을 상징하는 듯하였다. 둘째는 청동인두상青銅人頭像이다. 사람의 머리를 원통형으로 만든 조형물인데, 모두 57건이 발굴되었다. 알머리에 빗과 댕기를 달은 것, 알머리에 모자를 쓰거나 '回' 자 무늬가 새겨진 관을 쓴 것, 평평

❍ 청동인두상

◆ 삼성퇴 2호 갱에서 출토된 청동입인상靑銅立人像. 머리에 화려한 면류관을 쓰고 있고, 용 무늬가 새겨진 연미복 같은 긴 도포를 입고 있다. 부리부리하게 큰 눈과 굳은 입이 비범한 신분을 상징한다. 정방형 2층 좌대에 위에 맨발로 서 있으며, 양손은 고리 형태로 악수를 하고 있다. 특히 사람들의 주목을 끈 것은 '양손에 무엇을 집고 있는가' 였다. 어떤 사람은 하늘과 땅에 제사지낼 때 사용하는 옥종玉琮이라는 설, 어떤 사람은 일종의 법기法器라는 설, 어떤 사람은 상아象牙였을 것이라는 설을 주장하였다. 아마도 제사장이나 무당 계층의 어떤 행위나 모습을 상징한다는 것은 공통적인 의견이다.

한 깍두기 머리에 모자를 쓰지 않은 것, 머리를 빙 둘러 댕기로 틀어 묶은 것, 머리 뒤에 나비 모양의 장식을 단 것, 가면을 쓴 것 등 아주 다양한 모습을 하고 있다. 위로 치켜 올라간 큰 눈에 짙은 눈썹, 높은 코에 넓게 벌어진 입, 각진 큰 귀가 거칠면서도 호방한 분위기를 연출한다. 부드러운 모습의 여성상도 간혹 있으나, 대부분 강인한 남성이 주를 이루는 것으로 보아 남성 중심 사회였음을 알 수 있다. 가면은 원시종교에서 무속 신앙과의 밀접한 관계를 나타내는 신비한 도구다. 황금 가면을 쓴 청동인두상은 위엄과 존귀의 기세를 표현한다. 이것들은 단순한 장식인지, 아니면 더 심오한 의미를 담고 있는지 아직도 알 길이 없다. 셋째는 청동인면상靑銅人面像이다. 반원으로 된 가면 형식으로 1호 갱에서 1개, 2호 갱에서 20개가 출토되었다. 높은 코에 넓게 벌린 입, 넓은 이마와 큰 귀, 칼 모양의 짙은 눈썹, 튀어 나온 눈과 도드라진 콧등은 고대 전설 속에 나오는 고촉 사람들의 조상을 상징하는 듯하다. 이는 귀신과 인간의 결합체로서, 고촉국의 토템숭배를 상징하기도 한다. 의견이 분분하지만 제사를 지낼 때 사용하던 우상이거나 숭배의 상징이라는 설에는 대체적으로 의견이 일치하는 듯했다. 넷째는 청동수면상靑銅獸面像이다. 평면에 부조한 가면으로, 모두 2호 갱에서 출토되었으며, 형태에 따라 세 가지 유형이 있다. 어떤 것은 얼굴 부분에 사람 얼굴을 꾸민 것으로 머리와 양측에 신기한 동물 형상을 한 장식물을 달고 있다. 또 어떤 것은 턱 아래에 머리를 서로 맞대고 있는 두 마리의 기룡夔龍을 새긴 것도 있다. 짐승 같으면서도 사람인 것 같은 신기한 장식과 과장된 조형으로 사람들을 놀라게 했다. 이것은 제사를 지낼 때 무당들이 얼굴에 쓰던 가면으로 제사의 장식물이었을 것이라 추측된다.

청동상을 보면 고촉국 사람들이 제사를 얼마나 중요하게 생각했는가를 알 수 있다. 또한 고촉국의 제사 활동은 무속과 연관이 있다는 사실도 알 수 있다. 높고 큰 청동입인상은 무당의 우두머리를 상징하고, 청동인두상이나 사람 가면은 고촉국의 무당 집단을 표현한 것이리라.

삼성퇴 인물상은 상징적 의미가 매우 풍부하다. 그중 제사자 형상이 있고, 제사를 받는 조상의 신도 있다. 제사자는 왕과 제사장, 부족장, 무당들일 것이고, 그들은 무당이면서 통치계층이며, 신권神權과 왕권의 화신이다. 이는 조상과 신의 비호를 받아 신권과 왕권의 통치를 강화하려했던 것이다. 제정일치 사회의 모습을 청동기는 고스란히 반영하고 있는 것이다.

삼성퇴 유물은 세계 9대 기적 중의 하나라고 하는데, 유물이 남긴 천고의 수수께끼 일곱 가지가 있다. 그 수수께끼 중 어떤 것은 해답이 있으나, 어떤 것은 아직도 신비에 싸여있다고 한다. 구체적으로 다음과 같은 질문이다.

1) 삼성퇴 문화의 기원은 무엇인가?

삼성퇴 문화는 갑자기 생겨난 것으로, 특히 청동 가면이나 입인상, 그리고 금기는 전무후무하다. 면양 변퇴산邊堆山 문화와 근원이 같다는 단서가 있기는 하지만, 그 내력은 명확하지 않다. 아마도 다른 민족으로 대체되었기 때문이리라.

2) 삼성퇴에 살던 사람은 어떤 족속인가?

삼성퇴 문화는 초기 촉문화로, 촉족속에 대해서 어떤 사람은 저강족氐羌族, 어떤 사람은 복족濮族, 어떤 사람은 파족巴族, 어떤 사람은 월족越族이라고 한다.

3) 삼성퇴 고촉국의 정권과 종교의 형태는?

제정일치로 정권을 유지했으며, 조상숭배와 토템숭배가 국가를 유지하는 이념이었을 가능성이 높다.

4) 삼성퇴의 고도의 청동기 제조 기술은 어떻게 생겨난 것인가?

고촉 사람들의 청동기 제조 기술은 놀라운 수준이다. 그들은 혼주법渾鑄法(여러 개의 거푸집으로 함께 주조하는 법)뿐 아니라, 여러 분주법分鑄法을 사용하였다. 더욱 중요한 것은 주석 땜질, 리베트 연결 등 선진 기술을 사용했다는 점이다. 이러한 기술은 중원 지역을 중심으로 발전했던 은주殷周에 이르러 사용되었고, 진秦나라 청동 수레 제작에 이르러서야 비로소 사용되었다. 이외에도 삼성퇴 청동기는 합금할 때 동, 주석, 아연 외에 미량의 인을 사용하였는데, 이렇게 하면 청동기의 유동성과 강도, 탄력성을 높일 수 있다고 한다. 이러한 고도의 기술은 과연 촉 땅에 독자적으로 나타난 것인가, 아니면 중원이나 형초荊楚, 혹은 동남아 등 외래 문화의 영향을 받아서 생겨난 것인가? 역시 풀리지 않는 수수께끼다.

5) 삼성퇴의 고촉국은 어떻게 탄생했으며, 얼마나 지속되었는가? 또 왜 갑
  자기 사라졌는가?

  여전히 미스터리다. 고대국가 중에서 고도의 문명을 가지고 있다가 갑자
기 사라지는 경우가 종종 있었는데, 고촉국이 바로 그런 나라 중 하나다.

6) 수많은 유물이 출토된 두 개의 갱은 어느 시대의 어떤 성격을 가지는가?

  두 개의 갱이 발생한 연대에 대해서는 상대설商代說, 상말주초설商末周初
說, 서주춘추전국설西周春秋戰國設 등 이론이 분분하다. 어떤 성격을 가지느
냐에 대해서 대다수 사람들은 이것을 제사갱으로 간주한다. 어떤 사람은
부장갱副葬坑으로 보는가 하면, 혹자는 샤머니즘 문화의 기물갱器物坑으로
생각하고 있다.

7) 말기 촉문화에서 중대한 수수께끼 중의 하나는 기물에 새겨진 부호다.
  이것을 '파촉도어巴蜀圖語'라고 부르는데, 금으로 만든 지팡이에 새겨진
  이것은 문자인가, 아니면 부족의 상징인가, 혹은 종교부적인가?

  이에 대한 답도 명쾌하지는 않았지만, 당시 문자를 사용한 흔적은 아직
발견되지 않고 있다고 한다. 아무튼 파촉도어의 수수께끼를 풀면, 삼성퇴
의 비밀을 풀 수 있을 것이다.

  이번 답사에서 우리 팀이 삼성퇴에서 눈여겨보았던 것 중 또 하나는 이
유물이 전시된 삼성퇴박물관이었다. 이 박물관은 1997년 10월 26일에 개
관하였다는데, 외관과 진열이 기존의 다른 중국박물관과 전혀 달랐다. 우
선 건물 자체가 현대화된 것은 물론 마왕퇴 유물이 보관된 호남성박물관에
비해 유물의 전시나 주제별 분류가 탁월하다. 말하자면 이 박물관은 학술,
정보, 관람, 이야기, 재미를 모두 겸비하고 있다고 할 수 있다. 이 박물관은

'삼성반월三星伴月─찬란한 고촉 문명燦爛的古蜀文明', '신의 왕국衆神之國─신비한 원시종교神秘的原始宗敎', '혼魂─기이한 문물의 정화奇絕的文物精華', '삼성의 빛三星永耀─삼성퇴의 발굴과 연구三星堆的發掘與硏究' 등 네 가지 주제로 유물을 분리하여 전시했다. 한참을 관람하다 보니, 내가 수천 년 전으로 돌아갔다가 다시 현세로 돌아온 것 같은 느낌을 받았다. 이 박물관이 있는 한 사천의 문화는 무궁하리라!

제2장

파촉의 인문유적

제2장. 파촉의 인문유적

1. 삼국지유적

무후사의 빛에 가린 혜릉

　답사 첫날인 6월 27일 정오 무렵 성도成都 교외의 쌍류공항雙流機場에 도착한 일행은 곧바로 사천성박물관을 찾았으나, 두보초당杜甫草堂으로 이전

✪ 삼의묘三義廟. 유비·관우·장비를 모신 사당

할 예정이어서 기존의 건물은 폐쇄되어 있었다. 따라서 일행은 성도시 남쪽 교외에 있는 제갈량諸葛亮의 무후사로 향했다. 무후사는 서진西晉 말년에 이웅李雄이 세운 것으로, 원래는 성도 성안에 있었으나 뒤에 남쪽 교외의 유비劉備 사당인 소열묘昭烈廟 옆으로 옮겼다가 명나라 초에 소열묘와 합쳤다고 한다. 따라서 건물의 앞부분은 소열묘로, 뒷부분은 무후사로 이루어져 있는데, 이곳 사람들은 옛날부터 그냥 무후사라고만 일컬어왔다고 한다. 이로 미루어 보아 제갈량이 유비보다도 더 민중들에게 존경과 사랑을 받아왔음을 짐작할 수 있었다.

소열묘는 유비전劉備殿과 그 서쪽에 자리한 혜릉으로 이루어져 있다. 유비전 중앙에는 유비의 상이 세워져 있고, 그 오른쪽 벽에는 근대인 심윤묵沈尹默이 쓴 「융중대隆中對」가, 그 왼쪽 벽에는 남송의 충신 악비岳飛가 쓴 「출사표出師表」가 목각되어 있다. 그리고 오른쪽 편전에는 관우의 상이, 왼쪽 편전에는 장비의 상이 세워져 있고, 동서 양쪽 낭하에는 촉한의 문관과

○ 유비전의 유비상

무장 28인의 소상이 간략한 소개와 함께 진열되어 있다.

역사 기록에 따르면, 서기 223년 4월, 오늘날 중경시重慶市 봉절현성奉節縣城에 있던 영안궁永安宮에서 유비가 임종하자 5월에 관을 성도로 옮겨서 8월에 혜릉에 안장했다고 한다. 감부인甘夫人과 오부인吳夫人이 합장된 혜릉의 높이는 12m, 둘레는 180m로 자그마한 언덕처럼 보인다. 혜릉 앞에 세운 비석은 청나라 때인 1788년에 중건한 것으로, 전면에 음각으로 '한소

○ 삼절비. 당나라 때 세운 무후사의 비석인 삼절비. 당시 재상으로 있던 배도가 글을 짓고, 유공권의 형인 명필 유공작이 글씨를 썼으며, 이름난 석각장인 노건이 새겼으므로 속칭 '삼절비'라고 불렀다고 한다.

열황제지릉漢昭烈皇帝之陵'이라는 큰 글씨가 새겨져 있다.

무후사 대문을 들어서면 바로 오른쪽으로 큰 비석을 만나게 된다. 이것이 그 유명한 삼절비三絶碑이다. 정식 명칭은 촉승상제갈무후사당비蜀丞相諸葛武侯祠堂碑이며 당나라 원화元和 4년(809)에 세운 것으로, 높이는 3.67m, 폭은 0.95m, 두께는 0.25m이다. 비문은 해서체로 세로 24행, 전문 1,094자로 이루어져 있다. 당시 재상으로 있던 배도裴度가 글을 짓고, 유공권의형인 명필 유공작柳公綽이 글씨를 썼으며, 이름난 석각장石刻匠인 노건魯建이새겼으므로 속칭 '삼절비'라 불렀다고 한다. 또 하나의 설은 명나라 홍치弘

^治 10년(1497) 사천 순안사巡按使 화영華榮이 비에 발문을 붙이기를, "제갈 공명은 배도의 비분으로 인해 더욱 잘 알려졌고, 비문은 유공작의 글씨로 인해 더욱 잘 알려졌으니, 제갈무후의 공덕은 배도의 문장, 유공작의 글씨와 더불어 불후의 명작으로 이 세상에 남을 것이다."라 하여 제갈량의 공덕과 배도의 글, 유공작의 글씨를 아울러 '삼절'이라고 하였다는 것이다.

제갈량전 중앙에는 금을 입힌 제갈량의 소상이 있고, 그 좌우로 아들인 제갈첨諸葛瞻, 손자인 제갈상諸葛尚의 상이 배치되어 있다. 제갈량전 안팎으로는 수많은 편액들이 걸려 있다. 제갈량상 앞에는 '제갈고諸葛鼓'라고 부르는 구리 북 세 개가 진열되어 있다. 이 북은 서기 6세기 이전에 주조된 것으로 추정되는데, 전국중점문물보호단위로 지정되어 있었다.

제갈량은 충신이자 현상賢相의 전형으로 예로부터 우리나라 선비들에게도 존경의 대상이었다. 고려·조선시대에 중국에 들어가 본 사람들은 누구나 중국의 여기저기에 세워져 있는 무후사를 찾아보고 그 감회를 시로 노래하곤 했다. 그 가운데 몇 편을 들어 감상해 보기로 하자. 고려시대에는 누구보다도 익재益齋 이제현李齊賢(1287~1367)이 가장 오랜 기간을 중국에서 보냈고, 또 실제로 성도에 있는 무후사를 찾았던 것으로 알려져 있다.

「제갈공명사당」

군웅이 벌떼처럼 일어나자 세상일 어지러운데
온갖 경륜 홀로 품고 초가집에 누웠었지
나라 위한 의리는 삼고초려 후 높아졌고
출사한 계책은 칠종칠금한 뒤 굳어졌네
목우유마를 뉘 능히 알았으랴
백우선과 윤건은 혼자만이 사용하였네
일월처럼 밝은 충성 천고에 빛나는데

그 당시 위·진나라는 지금 터만 남아있네

群雄蜂起事紛挐 獨抱經綸臥草廬
許國義高三顧後 出師謀遠七擒餘
木牛流馬誰能了 羽扇綸巾我自如
千載忠誠懸日月 回頭魏晉但丘墟

조선조 세종 때 집현전 학사를 지냈고, 사육신이 살해되는 것을 보고는 벼슬길에서 떠난 격재格齋 손조서孫肇瑞도 무후사를 노래했다. 마지막 구의 '수양산'은 은나라의 충신인 백이와 숙제가 은나라에 대한 절개를 지켜 고사리를 캐 먹다가 굶어죽었다는 곳이다. 그러니 결국 충절을 뜻하는 말로 쓰인 것이다. 유비가 운명할 때 제갈량에게 어린 아들들을 부탁하면서, "이 자식들이 불초하면 승상이 대신 제위에 올라 한실을 부흥시켜 주시오."라고 말하기까지 했으나 제갈량은 끝까지 총명하지 못한 후주를 섬기며 충절을 다했던 것이다. 손조서는 수양대군이 나이 어린 조카 단종을 내치고 왕이 되는 것을 지켜보며 제갈량을 떠올렸으리라고 생각된다.

「무후묘」

죽은 공명이 산 중달을 쫓았다는
초동들의 이야기는 언제까지나 이어진다
바라던 한실의 부흥은 이루지 못했다지만
꽃다운 이름은 수양산과 가지런한 것을

死驅生仲達
樵話與天長

所欲求難得

芳名等首陽

면양시의 부락산 공원과 촉한의 흥망

– 중국의 과학연구단지 면양

7월 4일 호텔을 출발한 일행은 성도 근교에 있는 판다박물관을 둘러본 뒤 광한시廣漢市로 향하였다. 오후 일정의 하나인 삼성퇴三星堆박물관 근방의 '몽원夢園'이라는 농가락農家樂에서 조금 이른 점심을 먹었다. 이곳은 우리나라의 관광농원에 해당한다. 일행은 삼성퇴박물관을 관람한 뒤 면양시로 향하였다.

수줍은 듯 붉게 핀 배롱나무가 가로수로 심겨져 있는 면양은 바로 삼국시대 부성涪城이 있던 곳으로「삼국지연의」와 밀접한 관계가 있는 도시였다. 그러나 오늘날은 중국의 과학연구 중심지로 발돋움하게 되었다. 이곳에서 운행되는 버스를 비롯하여 각종 간판에서 과학성科學城이라고 표기한 것을 쉽게 찾아볼 수 있다. 우리나라의 대덕연구단지에 해당하는 곳이라 하겠다. 중국에서는 석사와 박사 위에 원사院士라는 제도를 두고 있는데, 약 250명가량의 원사가 이곳에서 배출되었다고 하니 가히 연구중심의 도시임을 짐작할 수 있다. 특히 과학의 여러 분야 가운데서도 핵물리학이 이곳에서 활발히 연구되고 있다고 한다.

뿐만 아니라 우리 여행객들이 묵는 호텔에서 흔히 볼 수 있는 텔레비전의 상표인 장홍長虹은 우리나라의 삼성이나 LG와 같은 중국의 대표적 전자업체인데, 그 본사가 바로 면양시에 자리잡고 있다고 한다. 장홍은 이미 중국 전자업계의 20% 가량을 점유하고 있다니, 중국에서의 전자산업의 발달은 실로 눈부시다.

– 천하삼분天下三分의 서막

그 유명한 삼고초려三顧草廬 끝에 유비가 제갈량을 만났을 때 제갈량은 서천西川 54주의 지도를 펼쳐놓고, "장군이 패업을 이루시려면 북쪽은 천시天時를 차지한 조조에게, 남쪽은 지리地利를 차지한 손권에게 각각 양보하고, 장군은 인화人和를 이루어 형주荊州와 서천을 취해 정족지세鼎足之勢를 이룬다면 뒤에 중원을 도모할 수 있을 것입니다."라고 말한다. 이것이 이른바 '천하삼분'의 계책이다. 제갈량의 이 계책은 오늘날의 면양에서 실현되었다.

면양시에는 동산東山과 서산西山이 마주보고 있다. 서산에는 제갈량이 죽은 뒤 대사마에 오른 촉한의 명신 장완蔣琬(?~246)의 묘와 묘비가 있다고 하는데, 우리의 일정에서는 제외되었다. 동산은 '제일산第一山', 혹은 '부락산富樂山'이라고도 하는데, 삼국시대 유비가 촉蜀에 첫발을 디딘 곳으로 널리 알려진 곳이다.

후한後漢 헌제獻帝 건안建安 16년, 서기 211년에 익주목益州牧으로 있던 유장劉璋은 참모인 장송張松의 건의를 받아들여 형주에 있던 유비를 불러들이게 된다. 이보다 앞서 유장은 한중漢中에 있는 장로張魯와 대립하고 있었다. 유장은 조조와 우호관계를 돈독히 하려했는데, 장송은 조조와 손을 끊고 친척인 유비와 손을 잡아야 한다고 설득했던 것이다.

장송은 본디 조조 밑에서 주부 벼슬을 하던 양수楊脩에게 재능을 인정받아 조조에게 천거되었던 인물이다. 그러나 조조는 뾰족한 머리에 튀어나온 이마, 납작한 코에다 5척 단신의 옥니박이를 받아들이지 않았다. 유장의 밑에 있으면서 항시 유장을 군주의 재목이 아니라고 생각하던 장송은 같은 참모인 법정法正과 짜고 유비에게 촉의 지도를 바치며 자신이 섬기던 주군을 배반하고야 말았다.

부락산 공원에는 유비와 유장이 이 산의 보개봉寶蓋峰에서 회견하는 모습을 거대하게 돌에 새겨 병풍처럼 둘러쳐 놓은 곳이 있다. 이 석각화처럼 연

○ 부성회도. 부성의 보개봉에서 익주목 유장이 유비를 맞아 잔치를 베푸는 광경을 돌에 새긴 것이다.

○ 오호상장상. 촉한의 오호상장인 관우·장비·조운·마초·황충의 모습이 위풍당당하다.

회석에서 술을 마시던 유비는 산 아래로 촉 지방의 흥성한 모습을 바라보며 "풍성하구나, 오늘의 즐거움이여! (富哉, 今日之樂乎!)"라고 하였다는 것이다. 여기서 '부락산富樂山'이라는 이름이 붙게 되었다고 한다. 그 아래 벽면에는 부성회도浯城會圖를 비롯하여 부락산과 관련된 서화들이 연달아 석각되어 있다. 산 정상에는 절강浙江 전당강변錢塘江邊의 육화탑六和塔을 연상하게 하는 거대한 부락각富樂閣이 세워져 있다. 아직 공원을 조성하는 단계여서 문을 닫아놓았으나 내부에는 채색화로 그려진 부성회도가 걸려 있었다. 그밖에도 근래에 세운 부성회관浯城會館, 부락당富樂堂, 예주원豫州園, 한황원漢皇園, 삼국비림三國碑林 등이 공원 안에 있으며, 부성회관 앞에는 관우·장비·조운·마초·황충 등 오호상장五虎上將의 기마주조소상騎馬鑄雕塑像이 위풍당당하게 서 있다.

– 서천西川을 차지하는 세 가지 계책

부락각에서 오른쪽으로 난 길을 따라 내려오다 보면 유비에게 계책을 말하는 방통龐統(179~214)의 주조상鑄雕像과 만나게 된다. 이른바 '촉 땅을 탈취하는 세 가지 계책(取蜀三計)'이다. 이보다 앞서 유비가 처음 유장을 만나게 되었을 때 방통뿐만 아니라 장송과 법정도 연회 자리에서 유장을 해치워야 한다고 주장했다. 항우項羽와 유방劉邦이 맞서던 초한楚漢 전쟁 때의 홍문연鴻門宴을 재연해보자는 것이었다. 그러나 유비는 "남의 나라에 처음 들어와서 은혜와 신의가 아직 드러나지 않았는데 그래서는 안 되지." 하고 동의하지 않았다. 결국 흥을 돋우겠다며 연회석에 뛰어들어 칼춤을 추던 위연魏延도 유비의 제지에 그대로 물러가고 말았다.

유장이 유비와 함께 백일 동안 연회를 함께 하자고 큰소리 친 그 기간 동안 유비는 선물로 받은 곡식과 피륙, 기마와 차량 등으로 군비를 대대적으로 증강할 수 있었다. 이 무렵 방통은 유비에게 촉을 집어삼킬 계책을 상·중·하 세 가지로 제안했다. 즉각 군사를 돌려 촉의 심장부인 성도를 습격

하자는 것이 상책이었다. 트집을 잡아 백수관白水關을 습격하여 그곳을 지키는 장수를 죽인 뒤 부성을 거쳐 성도로 향하자는 것이 중책이었다. 고이 백제성白帝城으로 물러가 그곳이나 지키자는 것이 하책이었다. 그 가운데 유비는 중책을 선택하였다.

건안 17년, 서기 212년, 형주로 돌아가겠다며 인사차 온 유비 일행을 맞아 백수관을 지키고 있던 유장의 수하 양회楊懷와 고패高沛가 유비를 암살하려다가 도리어 참수를 당하고, 유비군은 말머리를 돌려 부성을 점령해 이듬해까지 유장의 수하인 유괴劉瑰 · 냉포冷苞 · 장임張任 등과 계속 공방전을 펼쳤다. 드디어 건안 19년 초여름에 유비의 명을 받고 달려온 제갈량 · 장비 · 조운 등과 합류한 유비군은 수십 일간 성도를 포위한 끝에 유장의 항복을 받고 입성하였다. 스스로 익주목이 된 유비는 5년 뒤인 서기 219년 한중왕漢中王이 되었고, 2년 뒤인 서기 221년에 조조의 아들 조비曹조가 위魏나라를 세우고 칭제를 하자, 유비도 신하들의 추대로 촉한의 황제로 등극함으로써 본격적인 삼국시대가 열리게 되었다.

– 부성의 일몰

그로부터 42년 뒤인 서기 263년, 성도 인근의 성들이 차례로 함락되고 있다는 소식을 듣고 굳게 지키고 있던 검문관劍門關을 떠나 성도로 향하던 촉한의 대장군 강유姜維는 후주後主 유선劉禪으로부터 투항하라는 조칙을 받고 부성에서 위의 진서장군 종회種會에게 투항하였다. 그리하여 '촉한은 부성에서 일어나 부성에서 망했다'는 말이 생겨나게 되었다. 이것도 역사의 아이러니라 할 수 있을는지.

하늘에 오르기보다 더 험한 길, 촉도

– 촉도의 푸른 숲길 취운랑翠雲廊

7월 5일 이른 아침에 면양의 도원호텔桃源大酒店을 출발한 일행은 재동梓潼으로 향했다. 출발한 지 1시간가량이 지났을 때 칠곡산대묘七曲山大廟를 지나게 되었다. 빡빡한 일정으로 인해 관람을 하지는 못했으나 간략한 소개는 필요할 듯하다. 이곳은 달리 '문창궁文昌宮'이라고도 하는데 재동현으로부터 북쪽으로 10km가량 떨어진 칠곡산에 있다. 진晉나라에서 벼슬하다가 전사한 장아자張亞子의 사당이라고도 하고, 도가道家에서 공명功名과 녹위祿位를 주관한다는 문창제군文昌帝君을 모신 사당이라고도 한다. 이곳에는 계향전桂香殿, 천존전天尊殿, 관성전關聖殿, 가경당家慶堂, 문창전文昌殿, 대비루大悲樓 등의 건물이 있는데, 그 중 관성전은 관우關羽를 모신 사당이다. 황금빛 얼굴의 관우 소상을 모셔 놓았는데, 위풍이 늠름하고 모습이 당당

◯ 취운랑 임원翠雲廊林園의 입구. '翠雲廊'이라고 행서와 초서의 중간 형태로 쓴 글씨가 마치 오래 되어 뒤틀린 측백나무처럼 보인다.

하다고 한다.

　칠곡산대묘를 지나자마자 거의 검문관劍門關 근방까지 펼쳐지는 것이 바로 그 유명한 측백나무 숲길, 취운랑翠雲廊이다. 삼국시대 촉한의 대장 장비張飛가 군사들을 동원하여 험준한 길 양편에 측백나무를 심어 길 표시를 한 것이라고 알려져 있으나, 사실은 그보다 훨씬 이전 진秦나라 때 촉국으로

❍ 검문관 전경. 취운랑 방향에서 바라본 검문관루. 본디 좌우의 절벽 사이를 가로막고 서 있던 것을 1935년 도로공사 때 현재의 위치로 옮겨 놓은 것이다.

❍ 취운랑 방향에서 바라본 검문관루.

진출하기 위해 이미 측
백나무를 심었다고 한
다. 그 당시에 심은 나
무를 '진백秦柏', 장비
가 심은 것을 '장비백
張飛柏'이라고 부른다
지만, 그때의 나무가
오늘날까지 남아 있을
리가 없다. 당대와 명
대를 이어 1935년 국
민당 정부가 이 길을 다시 닦을 때까지 다섯 차례나 식목을 했다고 하니,
명대에 심은 것이 아마도 지금 고목으로 보호를 받고 있는 것이리라 짐작
이 된다. 이런 고목들은 모두 관리번호를 붙여 특별히 보호하고 있었다.

– 촉한의 마지노선 검문관劍門關

칠곡산대묘와 취운랑을 지나 20여 분가량 더 달리니 연무초등학교演武小
學가 눈에 들어오고, 잠시 후에는 오른쪽으로 '마등경제개발구馬燈經濟開發
區'라고 쓴 간판이 보였다. 중간에 도로공사로 20여 분간 지체하였다가 다
시 1시간 조금 넘게 달리자 국도 108호선 첨산자尖山子 나들목에 이르렀다.
이곳을 지나 1시간 반쯤 달리니 비로소 취운랑이 끝나면서 왼편으로 멀리
대검산大劍山과 소검산小劍山이 보이고 그 사이로 검각劍閣이 아스라이 보였
다. 이미 낮 12시가 훨씬 넘었으므로 일행은 검문관 가까운 곳에 있는 황
충두부연黃忠豆腐宴이라는 식당에서 점심을 먹게 되었다. 두부로만 만든 요
리가 상에 가득 나왔는데 각기 독특한 맛이 있었다.

대검산과 소검산은 산맥을 이루어 동서로 100여km에 걸쳐 뻗어 있다
고 한다. 72개의 봉우리가 예리한 칼처럼 하늘을 향해 솟아있고, 두 산이

○ 검문관 입구

마주선 모양이 마치 문과 같아 검문이라고 부르는 것이다. 당나라 때 시인
인 이백李白이 「촉도난蜀道難」이라는 시에서 "한 사람이 관을 지켜도 만 명
이 관문을 열지 못하네. (一夫當關 萬夫莫開)"라고 노래했던 천험天險의 요새
였던 것이다. 「삼국지연의」를 보면, 제갈량이 북벌을 위해 이곳을 드나들
던 때만 해도 단순한 촉한의 관문에 지나지 않았으나, 촉한 말기 위魏나라
의 종회種會가 10만 정병을 이끌고 들이닥쳤을 때에는 최후의 저지선이 되
고 말았다.

　제1차 세계대전 당시 프랑스의 육군 장관이었던 A. 마지노가 난공불락
의 요새로 설치했던 마지노선이 독일군에게 벨기에 일각이 돌파됨으로써
허무하게 무너지고 말았듯이, 검문관의 전투 역시 예상하지 못했던 곳에서
부터 허점이 드러나고 말았다. 서기 263년, 촉한의 대장군 강유姜維가 검문
관에서 종회의 10만 대군에 맞서 농성하고 있을 무렵, 위의 정서장군 등애
鄧艾는 소리 소문 없이 음평관陰平關으로 접근했다. 그곳에서 사람이 다닐

수 없는 길을 무려 7백 리나 행군하며 길이 없는 산에서는 굴을 뚫고, 계곡이 가로막힌 곳에는 다리를 놓았다. 계곡으로 내려가는 길이 없는 곳에서는 양털 포대로 몸을 감싸고 구르면서 강유江由에 이르렀고, 강유에 이어 면죽綿竹을 함락시키고 마침내 성도에 입성하여 후주의 항복을 받아내고 말았다.

― 고잔도古棧道의 명승지 명월협明月峽

검문관을 둘러본 일행은 오후 5시경 광원시廣元市 북쪽 교외에 있는 명월협에 도착했다. 명월협은 광원시 조천구朝天區 조천진朝天鎭에서 2km 지점의 가릉강변嘉陵江邊에 위치한다. 협곡의 전체 길이는 4km, 강폭은 평균 100m 정도이며, 양쪽 강안에는 암벽이 병풍처럼 높이 솟아 있었다. 동쪽

✪ 명월협 정문. '선진시대 고잔도가 있는 명월협(明月峽先秦古棧道)'이라는 문패가 보인다.

○ 옛날 방식 그대로 재현해 놓은 고잔도 모습. 1993년에 완성된 왕부림 감독의 5부작「삼국지」에서 잔교가 불타는 장면을 찍은 곳이기도 하다.

으로는 고본산藁本山의 줄기인 조천령朝天嶺이 있고, 서쪽으로는 남롱산南隴山의 줄기인 백운산白雲山이 자리하고 있다.

이곳은 잔도를 비롯하여 옛날 역마가 다니던 길, 우리의 국도에 해당하는 공로公路, 수로, 철로, 배 끄는 사람들이 다니던 험한 길 등 여섯 종류의 길이 나 있어 '중국 교통 역사의 박물관'이라는 별명이 붙을 정도로 잘 알려진 곳이었으나 최근에 와서야 찾는 사람들이 늘어나게 되었다는 것이 안내원의 설명이다. 이곳을 당나라 때 이후에는 조천협朝天峽이라고 불렸는데, 그것은 다음과 같은 유래가 있었기 때문이었다.

서기 756년, 당의 현종玄宗은 범양절도사范陽節度使로 있던 안록산安祿山이 난을 일으켜 당시 수도였던 장안을 압박하자 황급히 사천 지방으로 피난을 가게 되었다. 초가을, 가릉강변의 조그만 진영에 이른 현종은 그곳에서 소식을 듣고 달려온 관리들의 조회를 받았는데, 이때부터 조천진을 비롯하여 조천관朝天關·조천협·조천역朝天驛·조천령 등 그 인근의 지명에 '천자에게 조회한다'는 뜻의 조천이라는 명칭이 붙게 되었던 것이다.

명대 이후 청대를 거치면서 사람들이 자연풍광을 숭상하게 되어 전국 각지에서 명승지를 가려내기 시작했다. 그리하여 광원 지역에도 '광원8경' 혹은 '광원12경' 등이 전하고 있다. 드디어 사람들이 촉문의 이름난 협곡에도 그에 걸맞게 운치 있는 이름이 필요하다고 생각하게 되어 이백의 시구 가운데 '맑은 바람은 시원하고, 가을달은 밝구나.(淸風淸 秋月明)'에서 명월협이라는 이름을 짓게 되었던 것이다. 이 이름은 서기 1817년에 편찬된 『사천통지四川通志』에 처음으로 보인다.

잔도는 전국시대 이래로 설치하여 사용한 것으로 추정되는데, 지역마다 약간씩 모양이 달라 여러 가지 다른 이름이 있다. 교각橋閣 · 잔각棧閣 · 각잔閣棧 · 각도閣道 등이 그것이다. 선진시대 진나라의 수도 함양咸陽에서 고촉국古蜀國의 성도까지 2천여 리에 걸쳐 있었던 고잔도는 두 갈래로 나누어진다. 관중關中에서 진령秦嶺을 통과하여 한중漢中에 이르는 길을 포사도褒斜道라고 하였고, 한중에서 진령과 파산巴山 줄기를 넘어 곧장 성도에 이르는 길을 금우도金牛道라고 하였다.

포사도는 진령 태백산太白山에서 발원하여 남으로 흘러 한수漢水로 들어가는 포수褒水와 역시 진령에서 발원하여 북쪽으로 흘러 위하渭河로 들어가는 사수斜水의 이름을 따서 지은 것이다. 포사도는 선진시대 진령 남북을 오가는 주요한 길이었다. 한고조漢高祖 유방劉邦은 바로 이 포사도를 통해 오늘날의 섬서성 보계시寶鷄市인 진창陳倉을 건너 들어가 삼진三秦을 평정하였던 것이다. 포사도를 이곳 사람들은 흔히 북잔北棧 혹은 북잔도北棧道라고 일컫는다.

금우도는 섬서성 면현勉縣의 서남쪽으로 칠반령七盤嶺을 넘어 사천으로 들어가는 길인데, 조천역과 명월협을 거쳐 검문을 지나 남쪽으로 면양을 거쳐 성도로 이어지는 길이다. 이 길은 선진시대뿐만이 아니라 오늘날까지도 성도로 왕래하는 중요한 도로이다. 이 길을 '금우도'라고 부르는 것에는 유래가 있다. 전국시대 진秦의 혜문왕惠文王이 촉을 정벌하려고 했으나 산길이 너무 험했다. 그는 돌을 깎아 다섯 마리의 소를 만들어 놓고, 그 소들이 매일 배변을 할 때마다 천금을 눌 것이라고 촉왕을 속였다. 촉왕이 이것을 가져가려고 장정들을 동원하여 길을 만들자 진군이 그 뒤를 따라가 촉을 멸망시켰다는 것이다. 그 이후로 이 길을 금우도 혹은 '석우도石牛道'라고 했는데, 달리는 '남잔南棧' 또는 '남잔도南棧道'라고도 한다.

명월협의 잔도는 오랜 세월에 걸쳐 수많은 역사적 흔적을 간직하고 있는 곳인 셈이다. 기원전 316년에는 진 혜문왕의 군대를 불러들여 고촉국이 멸망에 이르렀고, 서기 206년에는 유방이 이곳을 통과하여 진나라의 수도인 함양을 함락시켰으며, 229~265년 사이에는 제갈량이 중원으로의 북벌을 위해 대대적인 수리와 확장을 하기도 했다. 그 뒤로도 크고 작은 역사적 사

❂ 이백의 「촉도난」에서 '한 사람이 관을 지켜도 만 명이 관문을 열지 못하네.'라고 노래한 이래로 「삼국지연의」 등 소설에서 이 말은 요새지를 가리키는 대명사가 되고 말았다.

건과 함께 했던 곳이 이곳 명월협이었던 것이다.

이곳의 안내 코스에는 잠시 조그만 배를 타게 되어 있어, 강에서 고잔도의 모습을 올려다 볼 수 있었다. 너무 잠깐이라 아쉬운 마음이 들기는 했으나, 송나라 때 사천 출신 시인인 문동文同(1018~1079)이 지은 「조천령」이라는 시의 "산은 협곡을 따라 그림 병풍인 듯 솟아 있고, 강물은 벼랑의 그늘을 펼쳐내며 허리띠처럼 흘러간다. (山若畵屛隨峽勢 水若衣帶轉崖陰)"는 한 구절이 마음에 와 닿았다. 백운산 뒤로 어느새 해가 뉘엿뉘엿 기울어가고 있었다.

– 「장한가長恨歌」의 촉도는 상상의 산물?

촉도나 그 길의 험난함은 이백의 시 「촉도난」으로 널리 알려지게 되었다. 실제로 촉도를 가본 사람은 예나 지금이나 그다지 많지 않기 때문이다. 그러나 이 촉도를 시로 묘사했던 또 한 사람의 저명한 당나라 시인이 있었다. 바로 당명황唐明皇과 양귀비楊貴妃의 비련을 장편시로 노래한 「장한가」의 시인, 백거이白居易(772~846)가 그 사람이다. 백거이는 자를 낙천樂天, 호를 취음선생醉吟先生 혹은 향산거사香山居士라고 하였으며, 산서성 태원太原 출신이다. 이백의 사후 10년, 두보의 사후 2년 무렵에 태어난 그는 30대 초에 이미 그의 명작인 「장한가」를 지었다고 한다. 이 시에 대해 고려 때 실제로 촉도를 가본 적이 있었던 이제현李齊賢이 이의를 제기한 흥미로운 자료가 있어서 소개한다.

이제현은 충숙왕 3년(1316) 30세 때 원元의 수도 연경燕京에서 아미산峨眉山에 제사 지내는 사명을 띠고 촉의 땅 성도로 떠났었다. 『역옹패설櫟翁稗說』에 "연우延祐 병진년에 내가 봉명사신이 되어 아미산으로 제사 지내러 갔었는데, 조趙·위魏·주周·진秦의 옛 지역을 거쳐 기산岐山 남쪽에 이르렀으며, 다시 대산관大散關을 넘고 포성역褒城驛을 지나서 잔도를 건너 검문으로 들어가 성도에 이르렀다."라고 한 뒤, "백낙천의 「장한가」에는 '쓸쓸한

찬바람에 누런 먼지 흩날리는데 구름다리 얼기설기 검각에 오르니 아미산 아래엔 행인도 적고 여린 햇빛에 깃발도 광채를 잃네.(黃塵散漫風蕭索 雲棧縈紆 登劍閣 峨眉山下少人行 旌旗無光日色薄)' 라 하였는데, 이는 당명황이 성도로 행행할 적에 거친 곳을 말한 것이다. 만일 이것이 사실이라면 아미산은 당연히 검문과 성도 사이에 있어야 하는데, 지금 보건대 그렇지 않다. 뒤에 『시화총구詩話總龜』를 보고서 옛사람도 이에 대해 논하였음을 알았다. 아마도 백낙천은 서촉에 가보지 않았던 것 같다."라고 했다.

그런 다음 이제현은 다음과 같은 시를 지었다.

이 산은 옛날부터 있었는데
이 길은 어느 때에 열렸는가
여와의 솜씨를 빌리지 않았다면
혼돈의 천지를 누가 갈랐으랴
하늘은 깃발 끝으로 조금 보이는데
산세는 칼날처럼 날카롭구나
안개는 숲마다 비를 뿌리고
강물소리는 만리 밖의 우레 같네
이리저리 울창한 숲 뚫고 들어가
뾰쪽뾰쪽한 봉우리로 올라가니
말에서 내려도 나란히 가기 어렵고
사람을 만나면 되돌아가야 할 판이네
놀란 원숭이들 하릴없이 머뭇거리고
날아가던 새도 빙빙 돌기만 하네
아침 햇살 겨우 비추는가 싶더니
어느새 어둑어둑 저물려 하네
금우의 고사도 허망한 듯하고

유마도 운행하기 어려웠겠네
승선교에 시를 써 부친 손님에게 말하노니
다시 오려고 약속할 건 무엇인가

此山從古有	此道幾時開
不借夸娥手	誰分混沌胚
天形旂尾擲	岡勢劒鋩摧
霧送千林雨	江奔萬里雷
班班穿薈鬱	矗矗上崔嵬
下馬行難竝	逢人走却廻
驚猿空躑躅	去鳥但徘徊
才喜晨光啓	俄愁暮色催
金牛疑妄矣	流馬笑艱哉
寄謝題橋客	何須約重來

– 이제현, 「촉도」

중국 8대 요리 가운데 하나로 꼽히는 사천요리는「천채川菜」라고 하는데, 요리마다 풍격이 있고 각각의 독특한 맛이 있는 것으로 알려져 있으나 맛이 얼얼하고 매콤하다는 공통점이 있다. 유명한 요리가 많이 있지만 우리나라에도 널리 알려진 요리 몇 가지만 소개한다.

마파두부麻婆豆腐 : 청나라 때 성도 북문 거리에 개업한 진흥성반포陳興盛飯鋪에서 처음으로 개발한 두부 요리다. 이 요리를 만든 노파가 곰보였기 때문에 당시 사람들이 '진씨 곰보 할머니陳麻婆'라고 부르던 것이 요리의 이름으로 굳어버린 것이다. 뜨끈뜨끈하고 얼얼하며 매운 맛이 일품이다.

담담면擔擔麵 : 1950~60년대 우리나라에서도 밤중에 골목길에서 '찹쌀떡이나 메밀묵!' 하고 외치는 행상을 쉽게 볼 수 있었다. 예전 성도에서는 이처럼 국수를 만들어 골목길로 메고 다니면서 팔았던 모양이다. 요즘은 간단한 먹을거리를 파는 음식점에서 맛볼 수 있다.

화과火鍋 : 샤브샤브처럼 큰 양푼에 담긴 육수에 여러 가지 야채를 넣고 끓이면서 각종 육류나 버섯 따위를 데친 뒤 양념장에 찍어 먹는 음식이다. 중국 어디서나 흔히 볼 수 있는 저렴한 요리지만 특히 사천이나 중경 지방이 유명하다. '하늘에 날아다니는 것은 비행기를 제외하고, 땅 위에서 다리가 긴 것은 의자를 빼고는 모두 이 요리의 재료가 될 수 있다.'고 할 만큼 재료가 다양한 것이 특징이다. 요즘은 두 부분으로 나누어진 양푼에 한 쪽에는 맵고 얼얼한 홍탕紅湯을, 나머지 한 쪽에는 맵지 않은 청탕淸湯을 담아 주기도 한다. 그러나 역시 화과의 참맛은 홍탕에서 느낄 수 있다.

●●● 사천의 특산물

사천 지방은 넓은 땅과 수려한 산천에서 온갖 물산이 풍부하게 생산되기 때문에 예로부터 '천부지국天府之國'이라고 일컬어 왔다. 특히 차와 술을 비롯하여 비단에 수를 놓은 촉수蜀繡와 동충하초·천궁·두충·사향 등의 한약재를 특산물로 꼽을 수 있다.

차 : 아미산峨眉山에서 나는 죽엽청차竹葉靑茶, 청성산靑城山에서 나는 청성차, 몽정산蒙頂山의 몽정차, 병산현屏山縣에서 나는 병산모첨屏山毛尖 등이 유명하다.

술 : "산수가 좋아야 좋은 술이 난다."는 옛말과 같이 산수가 수려한 사천 지방에서는 2천여 년 전부터 술을 빚어 왔다. 우리나라에도 널리 알려진 오량액五粮液을 비롯하여 노주노교瀘州老窖, 검남춘劍南春, 낭주郎酒, 전흥대국全興大麯, 사홍타패국주射洪沱牌麯酒 등이 유명하다. 특히 삼소사三蘇祠로 알려진 미산眉山에는 삼소三蘇, 득리연得利綠, 백년연百年綠 등의 술이 유명하다.

●●● 검문 두부劍門豆腐

중국에서 두부를 최초로 만든 것은 전한前漢 때 회남왕淮南王 유안劉安이라고 하니, 2천 년의 역사를 지닌 셈이다. 그 뒤 두부 제조법은 안휘성의 팔공촌八公村에 전해져 오늘날까지도 팔공촌의 두부는 중국에서 유명하다.

촉도蜀道의 역사적 유적으로 알려진 취운랑翠雲廊을 지나 검문관劍門關으로 가다 보면 간판에 두부를 표기한 음식점이 다수 보인다. 삼국 초기 제갈량이 군사들을 이끌고 촉 지방으로 들어갈 때 안휘·하남·호북 지방 출신으로 두부를 만들 줄 아는 병사들이 그 가운데 섞여 있었다고 한다. 제갈량이 위나라를 치기 위해 북벌을 할 때 검문관에 진을 치고 지키도록 하면서 두부 제조법이 그 근방에 전해지게 되었다는 것이다. 촉한蜀漢이 망할 무렵, 검각劍閣에서 위의 진서장군鎭西將軍 종회種會와 대치하여 농성하고 있던 강유姜維가 소일 삼아 두부를 만들어 먹어 유명해졌다는 이야기도 전한다.

2. 동아시아 중세 문명의 최고봉 소동파의 고향 미산 삼소사

필자는 중국 문화를 공부하면서 동아시아 문화를 움직였던 대표적인 인물에 대하여 관심을 가진 적이 있었다. 역사와 문화라는 것이 대중이 만드는 것이라고 하지만, 그 큰 물줄기나 방향은 이른바 소수의 문화영웅이 설정하는 것이 아닐까? 이 때문에 그들의 삶이 중요하고, 그래서 위인전도 생겨났을 것이다.

동아시아 공동문화를 건설한 개별 국가는 여럿이다. 그리고 그 문화사를 주름잡으며 명멸해간 인물 역시 아주 많았다. 그래도 그 중에서 딱히 세 명만을 꼽으라고 한다면 과연 누구를 선택할 것인가? 이 물음의 답은 참 어렵다. 국가마다 사람마다 선택 기준이 다를 수도 있기 때문이다. 그럼에도 불구하고, 필자는 그 영웅을 중국인 중에서 찾고 싶다. 적어도 동아시아의 어느 국가도 근대 이전에는 중국의 문화영웅을 능가하는 사람을 찾기는 쉽지 않을 것이기 때문이다. 또한 고대와 중세의 중국은 주변국가와 문화적인 교류를 통하여 동아시아의 보편적 문화를 형성하였고, 이것을 주변국가에 전파하는 위치에 있었다. 그럼 세 사람은 누굴까? 시대별로 나누어 보면, 고대에는 공자孔子, 중세에는 소동파蘇東坡, 근대에는 노신魯迅을 꼽고 싶다.

이 세 인물은 그 어떤 사람보다 해당 문명의 최고봉일 뿐 아니라 그 다음 문명이 탄생하는 데에도 초석이 된 인물들이다.

그 중에서 개인적으로 좋아하는 사람을 하나만 고르라고 한다면 필자는 소동파를 선택하고 싶다. 그는 공자 같은 성인聖人이 아니라 지식인 사대부 士大夫여서 공자보다는 가까이 하고 본받기 쉽다. 또한 노신 같은 투사가 아니라 풍류 소객騷客이어서 거리낌 없이 가까이 하여 그의 낭만을 즐길 수 있다. 소동파는 중세를 움직였던 통합세계관의 중심에 있었고, 중세 문명을 최고의 경지에 올려놓은 장본인이다. 시, 문, 글씨, 그림, 사상 등 어떤 분야도 통달하지 않은 것이 없었다. 말하자면 문학, 사학, 철학과 시서화의 통합세계관을 몸소 실천한 사람이다. 동아시아의 그 어떤 지식인도 그의 지적 세계를 뛰어넘은 사람은 없었다고 생각한다. 더욱이 그의 호방한 인품과 달관적 풍류는 동아시아시의 문화수준을 마음껏 격상시켰다.

드디어 이번 답사에 소동파의 고향인 미산眉山을 찾아 그의 흔적을 조금이라도 발견할 수 있게 되었다. 필자 일행이 미산을 찾은 것은 아미산과 낙산樂山을 답사하고, 성도成都로 이동하는 도중이었다. 미산은 민강岷江의 중류에 있고, 아미산의 북쪽에 있다고 하여 붙여진 지명이다. 지형적으로 보면, 민산岷山으로부터 여러 봉우리가 겹겹이 이어져 3백 리를 뻗어 내려오다가 이곳에 이르러 갑자기 3개의 봉우리가 우뚝 솟아오른다. 그 중에서 두개의 봉우리가 정면으로 대치하는 형국을 하고 있다. 3개의 봉우리는 마치 소동파 삼부자(소순蘇洵, 그의 아들 소식蘇軾·소철蘇轍)가 송대의 수많은 문인 중에 우뚝 솟아오른 것과 같았으며, 두 개의 봉우리가 대치하는 것은 소동파와 그 동생 소철이 문명文名을 나란히 하는 것처럼 보였다.

우리를 태운 여행사의 버스 기사조차도 삼소사를 찾는 데 한참 애를 먹었다. 삼소사는 관광을 즐기는 여행객들에게 널리 알려진 명소는 아닌 것 같았다. 미산의 삼소사는 외국인은 물론이고 중국인에게도 낯선 곳이었다.

✿ 삼소사三蘇祠 정문 전경

✿ 삼소사의 피풍사披風榭와 동파 조각상. 마치 동파가 그윽한
표정을 지으며 피풍사에서 정신적 즐거움을 찾고 있는 것 같다.

미산에 도착한 첫 느낌은 좀 색달랐다. 온통 소씨 삼부자 때문에 먹고 사는 도시 같아 보였다. 도시에 들어서면, 온통 삼소와 관련된 것들이 눈에 들어온다. 예를 들면, 술 이름이 '삼소三蘇', 인력거 회사 이름도 '소식蘇軾', 노래방도 '삼소三蘇 가라오케'다. 우리 눈에 잠시 들어온 것이 이 정도니, 미산 사람들은 삼소와 함께 살고 있다고 해도 과언이 아닐 것이다. 과연 '땅은 사람에 의해서 전해진다.(地以人傳)'라는 말이 실감났다.

삼소사는 미산시 동파구東坡區 서남쪽 모퉁이에 위치하고 있었다. 이곳에는 원래 소택고정蘇宅古井, 세연지洗硯池, 비정碑亭, 목가산당木假山堂 등이 있었다. 명明나라 때 이 소택蘇宅을 '삼소사三蘇祠'로 바꾼 것이라고 한다. 말하자면 명인의 고택이 숭배의 대상인 사당으로 바뀐 것이다. 그러나 그것도 나중에 전쟁으로 불타 없어졌고, 지금 남아 있는 삼소사는 청나라 강희康熙 4년(1665)에 중수한 것이다. 이어서 운서루雲嶼樓(1875)와 피풍사坡風榭(1898)를 세워 총 면적이 약 5만 6천여㎡나 되는 규모가 꽤 큰 원림식 사당으로 만들었다. 이곳에는 사천 지방의 대표적인 전통 원림이 조성되어 있다. 붉은 담이 원림을 에워싸고 있고, 고목과 푸른 대나무가 돌아 흐르는 푸른 물에 아름답게 비친다.

피풍사 북단 약 20m 부근에 소동파 조각상이 서 있다. 1982년 사천성의 유명한 조각가 조수동趙樹同이 조각한 것이라고 한다. 서연지瑞蓮池 남단에 서서 북쪽을 바라보며 서연정瑞蓮亭, 백파정百坡亭, 피풍사披風榭 순서로 투시하면 동파 조각상에 초점이 모아진다. 경관적 차원에서 보면 이 조각상은 집경集景의 의미를 지닌다. 마치 동파가 그윽한 표정을 지으며 원림 속에서 정신적 즐거움을 찾고 있는 것 같다. 정원 안에는 쾌우정快雨亭, 운서루雲嶼樓, 포월정抱月亭, 녹주정綠洲亭, 반담추수半潭秋水, 선오船塢, 세연지洗硯池 등이 배치되어 있다. 이들은 사대부의 아취를 더욱 두드러지게 표현한다.

❂ 삼소사의 서연정瑞蓮亭에서 바라본 백파정百坡亭의 모습. 연못 속의 푸른 연잎이 소동파의 고결한 기상을 나타내는 듯하다.

삼소사에서 가장 주목할 건물은 목가산당木假山堂이다. 이 건물에 목가산木假山이 있어 붙여진 명칭이다. 청 건륭 연간에 이곳 미주眉州의 지주知州였던 염원청閻源淸이 본래 있던 목가산방木假山房을 수리할 때 배치한 것이다. 이 건물에는 항주 사람 송봉기宋鳳起가 쓴 '木假山堂'이라는 편액이 걸려있고, 아래에는 목가산이 늠름하게 서 있다.

『목가산기木假山記』를 쓴 소순은 본래 2개의 목가산木假山을 가지고 있었다고 한다. 하나는 산골 노인이 가지고 있던 것을 담비 가죽옷과 바꾼 것인데, 미산의 자기 집 정원에 두었다고 한다. 또 하나는 소순이 두 아들을 데리고 당시 송나라의 서울이었던 개봉開封으로 이사갈 때 그 지역 양미구楊美球라는 사람에게서 얻은 것이다. 양미구는 소순에게 자기 아버지의 묘지명을 부탁하고 그 대가로 목가산을 선물로 주었다고 한다. 소순은 이 목가산을 서울로 가지고 가서 여러 사람들과 감상하였다고 한다.

지금 목가산당에 있는 것은 본래 소순이 가지고 있던 것이 아니라 청 도광道光 12년(1832)에 미산서원의 주강主講이었던 이몽련李夢蓮이라는 사람

○ 목가산당木假山堂의 목가산木假山. '木假山堂'이라고 쓰여진 붉은 편액 아래 목가산이 늠름하게 서 있다. 이 목가산은 소순 당시의 것이 아니라 청 도광道光 12년(1832) 미산서원의 주강主講이었던 이몽련 李夢蓮이라는 사람이 민강가에서 주은 것이라고 한다. 검은 색 나무뿌리인데, 재질이 단단하고 세 봉우리 가 우뚝하다. 나무뿌리가 물에 씻기고 바람에 깎여 기이한 모습이 되었다.

이 민강가에서 얻어 진열한 것이라고 한다. 검은 색 나무뿌리가 물에 씻기고 바람에 깎여 생긴 것인데, 재질이 단단하고 세 봉우리가 우뚝하다.

소순은 어릴 적에 공부에 뜻이 없다가 27세가 되어서야 학문을 닦기로 결심하였다. 두 차례의 과거시험에서 떨어졌지만 구양수歐陽修에게 발탁되어 벼슬길에 나서게 되었다. 당시 문단의 맹주였던 구양수의 발탁으로 그의 두 아들까지 문명文名을 날리게 되었다. 사람의 만남은 참으로 운명적이다. 중국인은 예로부터 인재를 나무材木에 비유하곤 하였다. 소순도 나무의 생장 과정을 통하여 곡절 많은 인생사를 비유하였고, 목가산이 되어 사람들의 사랑을 받는 것은 아주 다행이라고 여겼다. 소순은 목가산에 자신의 운명을 빗대었다. 자신은 비록 목가산처럼 은거하고 있지만, 자신의 진가를 알아줄 세상을 만나면 이름이 알려질 것이라는 간절한 마음이 있었다.

또한 그는 목가산의 세 봉우리에 삼부자의 고고한 기상과 품성을 투영하기도 하였다. 『목가산기』를 잠시 감상하기로 하자.

나무의 생명이란, 어떤 것은 싹이 나다가 죽기도 하고 어떤 것은 한 아름 되었다가 일찍 죽기도 한다. 다행히 크게 자라도 대들보 감으로 베어지고, 불행하면 바람에 뽑히거나 물에 쓸려 떠내려간다. 그러면 어떤 것은 꺾이고 어떤 것은 썩어버린다. 다행히 꺾이고 썩지 않는다고 해도 사람에게 재목으로 쓰이기도 하고, 도끼에 찍힐까 근심하게 된다. 가장 행복한 것은, 모래가 급히 휘도는 곳에 가라앉아 수백 년을 알려지지 않는 동안 세찬 물살에 부딪치고 침식당한 나머지 마치 산 모양처럼 되는 것이다.

우리 집에 세 개의 봉우리가 있다. 내가 매일 그것을 사모하니 아마도 운명이 그 안에 존재하는 것 같다. 또한 싹이 나다가 죽지 않고, 아름드리가 되어 죽지 않으며, 대들보가 되도록 베어지지 않고, 바람에 뽑혀 물에 떠내려가도 부서지거나 썩지 않으며, 사람에 의해서 재목으로 쓰이거나 도끼에 찍히지 않았고, 모래톱에서 드러났지만 나무꾼과 농부의 땔감이 되지 않은 뒤에 이곳에 도착하게 된 것이니, 그 이치가 우연이 아닌 듯하구나.

그러나 내가 그것을 사랑하는 것은 단지 그것이 산처럼 생겨서 그런 것이 아니라 또한 감정을 가지고 있기 때문이다. 그것을 단지 사랑만 하는 것이 아니라 존경도 한다. 가운데 봉우리를 보면, 듬직하고 도도하며, 의기가 반듯하고 진중하여 옆에 있는 두 봉우리를 굴복시키는 것 같다. 또한 두 봉우리는 튼튼하면서 날카로워 범할 수 없을 만큼 늠름하다. 비록 가운데 봉우리에게 기세가 눌리지만, 험준하여 결코 아부할 뜻이 없다. 아! 존경할 만하구나! 감동할 만하구나!

木之生, 或蘖而殤, 或拱而夭; 幸而至於任爲棟梁則伐, 不幸而爲風之所拔, 水之所漂, 或破折, 或腐; 幸而得不破折不腐, 則爲人之所材, 而有斧斤之患.其最幸者, 漂沉汨沒於湍沙之間, 不知其幾百年; 而激射嚙食之餘, 或髣髴於山者, 則爲好事者取去, 强之以爲山, 然後可以脫泥沙而遠斧斤. 而荒江之濆, 如此者幾何? 不爲好事者所見, 而爲樵夫野人所薪者, 何可勝數? 則其最幸者之中, 又有不幸者焉.

予家有三峯, 予每思之, 則疑其有數存乎其間. 且其蘖而不殤, 拱而不夭, 任爲棟梁而不伐, 風拔水漂而不破折不腐; 不破折不腐, 而不爲人所材, 以及於斧斤; 出於湍沙之間, 而不爲樵夫野人之所薪, 而後得至乎此; 則其理似不偶然也.

然予之愛之, 非徒愛其似山, 而又有所感焉; 非徒愛之, 而又有所敬焉. 予見中峯, 魁岸踞肆, 意氣端重, 若有以服其旁之二峯; 二峯者, 莊栗刻峭, 凜乎不可犯, 雖其勢服於中峰, 而岌然決無阿附意. 吁! 其可敬也夫! 其可以有所感夫!

이 작품은 곡절이 많은 나무의 운명과 목가산이 만들어지는 길고 긴 과정을 묘사하였다. 이는 바로 소순이 걸었던 인생길이다. 나무의 행복과 불행은 소순이 세상을 만난 것과 만나지 못한 경우를 말한다. 세 봉우리의 품성과 절개는 소순의 도덕적 풍상風尚을 말해준다. 또한 세 봉우리는 삼소의 굽히지 않고 아부하지 않는 절개를 비유하기도 한다. 삼소는 벼슬하는 동안 험난한 폄적, 거듭되는 부침에도 자신의 뜻을 굽히지 않았고 세상과 영합하지 않았다. 만약 소순이 구양수를 만나지 않았다면 세상에 묻혀버린 평범한 사람으로 늙어죽었을 것이다. 소순은 두 자식을 굴복시킬만큼 훌륭한 학문적 업적을 남겼지만 두 아들 역시 일가를 이루었다. 소동파는 1057년 진사과에 급제하여 정계에 입문한 뒤 지방 관리직을 두루 거치다가, 1079년(원풍元豊 2년) 이른바 오대시안烏臺詩案에 연루되어 형극의 길을 걷게 되었다. 황주黃州에서 혜주惠州로, 다시 담주儋州(현재의 해남도海南島)까지 좌천되어 정치적 유랑을 떠났다. 험난한 길을 걸으면서도 가슴에는 언제나 우주와 같은 넓은 가슴과 백성을 사랑하는 마음으로 가득하였다. 그의 동생 소철 역시 형과 함께 진사과에 급제하였지만 왕안석王安石 일파와 견해가 맞지 않아 굴곡이 많은 정치 생활을 해야 했다. 그러나 그 역시 왕양담박汪洋澹泊한 풍격을 잃지 않고 살았다. 목가산은 붉은 편액 '목가산당木假山堂' 아래 오늘도 삼소의 기상을 홀로 지키고 있다.

제3장

파촉의 종교철학 본산

제3장. 파촉의 종교철학 본산

1. 아미산

비 오는 아미산

6월 27일 한국을 떠나 성도를 거쳐 사천성의 최북단에 위치한 구채구와 황룡을 돌아보았다. 7월 1일 아침에 그곳을 출발하여 도강언과 성도를 거쳐 밤늦게 아미산 자락에 도착하였다. 며칠 동안의 강행군에 모두 지친 표정이 역력했다. 그래도 호텔 부근에 있는 보국사報國寺를 돌아보고 하루를 마감하였다.

다음날 아침 7시 30분, 호텔을 나와 아미산 전용 버스 터미널로 향했다. 아미산도 구채구와 마찬가지로 정해진 버스로만 올라갈 수 있기 때문이다. 독점 운행이다 보니 요금이 왕복 60위안(한화 약 7천 원)으로 비싼 편이었다.

날씨가 어제 밤부터 심상치 않더니 아침이 되자 빗방울이 떨어졌다. 버스를 타고 산으로 올라가는 도중에는 장대비가 내렸다. 약 20분이 지난 뒤 매표소에 도착하였다. 비가 와서 관광객은 많지 않았는데 입구에 사람들이 끼리끼리 모여서 웅성대고 있었다. 도대체 무슨 영문인지 몰라 한참을 기다렸다. 잠시 뒤 내리라고 하더니 초소 앞에 줄을 세우고는 차례대로 들어

가라고 했다. 사진을 찍기 위해서란다. 그곳에는 디지털 카메라와 의자가 준비되어 있었다. 깊은 산이라 신원도 기록해 둘 겸 입장표에다 사진을 넣어 기념으로 삼도록 하기 위해서란다.

해발 2,430m에 위치한 뇌동평雷洞坪에서 케이블카를 타고 올라가야 하는데 비 때문에 운행이 중단되었다. 다행히 가이드가 운전기사와 몇 번 접촉하더니 합의가 되어 버스를 타고 거의 정상에 있는 태자평太子坪까지 편하게 갈 수 있었다.

그곳에 도착하니 비바람이 더욱더 세차게 몰아쳐 눈을 뜨지 못할 정도였고, 비옷까지 빌려 입어서 행동하기가 불편하기 짝이 없었다. 가까스로 금

❂ 비내리는 아미산 자락

정금정頂(3,077m) 근처에 도착했지만 눈앞을 가로막는 것은 짙은 안개와 굵은 빗줄기뿐이었다.

맑은 날이면 서쪽으로는 사천 땅의 산 중의 산인 공알산貢嘎山(7,556m)과 대치하고, 동쪽으로는 평원을 도도히 흐르는 농전農田강과 아미산의 사대기관四大奇觀인 일출日出·운해雲海·불광佛光·성등聖燈 등도 볼 수 있다고 한다. 하지만 아쉽게도 모든 것을 포기할 수밖에 없었다. 결국 화장사華藏寺(해발 3,077m인 서쪽 봉우리 끝에 위치)와 와운선원臥雲禪院을 구경하고 하산하였다.

당나라 시인 백낙천은 아미산에 다녀와서 이렇게 노래했다.

❍ 아미산의 운해. 중국의 시선 이백은 '촉국엔 선산仙山이 많지만 아미산에 비할 바 아니구나(蜀國多仙山, 峨眉邈難匹)'라는 시로 아미산의 절경을 노래한 바 있다.

강남을 그리며

아침 햇살이 좋아라
눈부신 빛
활짝 웃는 얼굴 드러내고
일출 강산은 불꽃보다 붉도다
만경의 구름파도
겹겹이 잔물결 감아올리니
아미는 좋은 산이자 강이로구나

憶江南

朝陽好

秀色呈笑顔

日出江山紅勝火

萬頃雲濤卷層瀾

蛾眉好江山

벽돌로 지은 성수만년사

버스를 타고 내려오다 만년사 주차장에서 하차하였다. 산길로 약 30분을 걸어갔더니 가파른 계단 위에 만년사(해발 1,020m)가 있었다.

만년사는 원래 동진東晉 융안隆安 3년(399)에 혜지대사慧持大師가 창건한 절로 처음에는 보현사普賢寺라고 불렀다. 소실과 중건을 수차례 반복했으나, 명나라 만력萬曆 27년(1599)에 다시 화재가 크게 나자 이듬해 대대적으로 보수하였다. 이에 신종神宗 모친 자성태후慈聖太后의 칠십 장수를 기원

○ 만년사 입구

하는 의미에서 '성수만년사聖壽萬年寺'라고 명명하였으며, 이를 줄여 '만년사'라고 부르게 되었다.

　1946년에 다시 큰 화재가 나 전전磚殿('무량전無梁殿' 혹은 '무량전전無梁磚殿'이라고도 함)을 제외하고는 모두 불에 타 없어졌다. 1952년 이래로 산문山門, 반약당般若堂, 비려전毗廬殿, 행원루行願樓, 종고루鐘鼓樓, 외아보전巍峨寶殿, 대웅전大雄殿, 장경루藏經樓 등을 차례로 지어 지금은 총면적이 1만㎡가 넘는다. 전전은 벽돌로 사방에 벽을 쌓고, 그 위에다 둥근 돔(dome)형으로 지붕을 만들었다. 이는 '하늘은 둥글고 땅은 네모짐'을 상징하는 것이라고 한다. 높이가 18m, 한 변이 16m인 정사각형 모양이다. 지붕 위에는 동서남북과 중간에 다섯 개의 탑이 있는데, 모두 사자, 사슴, 코끼리 등과 같은 길상吉祥을 상징하는 신령스런 동물의 조각상으로 되어 있다.

　안으로 들어가면 중앙에 북송 태평흥국太平興國 5년(980)에 주조한 '보현보살기육아백상동상普賢菩薩騎六牙白象銅像' 하나가 있는데, 높이는 7.85m, 무게는 총 62톤이나 된다. 자세히 살펴보니 코끼리 입가에 여섯 개의 상아가 삐죽 나와 있어 신령스러움을 더했다. 그 위에 앉아 있는 보현보살은 연꽃 속에 앉아 목에는 영락瓔珞(구슬을 꿰어 만든 장식품)을 걸치고 손에는 여의주를 들고 머리에는 천불금관을 쓰고 있었다. 사방 벽 하부에는 작은 감실龕室(신주를 모시어 두는 장)이 24개나 있어, 그 안에 불상이 하나씩 놓여 있고, 상부에는 감실이 여섯 열로 차례를 지어 총 307개의 작은 불상이 놓여 있었다. 그리고 천장에는 아주 예쁜 채색 그림이 그려져 있는데, 악기를 타는 네 명의 선녀가 실제로 우리 위를 날아다니는 듯한 착각이 들 정도로 신비감을 더해 주었다.

맑은 날이면 거문고 소리와도 비슷한 개구리 울음 소리가 요란하다고 하는데, 개구리가 장대비에 놀라 모두 어디로 꽁꽁 숨었는지 지붕 두드리는 빗소리만 요란하게 들렸다. 그곳에서 나와 다시 무거운 발걸음으로 계단을 따라 내려가기 시작하였다.

천지를 뒤흔드는 청음각

만년사에서 약 5분만 내려오면 조그마한 자성암慈聖庵이란 곳이 있는데, 이곳은 서기 1600년에 무궁無窮 스님이 창건하였다고 한다. 안에는 명나라 신종神宗 주익균朱翊鈞의 모친인 자성태후慈聖太后의 소조상을 모셔 놓았다.

다시 장대비를 맞으며 허겁지겁 한참을 내려오다 문득 아래를 보니 넓은 지붕이 보였다. 가까이 갈수록 소리가 요란해지더니 급기야는 '우르릉 쾅쾅', 물소리가 마치 천둥소리처럼 귀를 때렸다. 도착해서 보니 그곳에는 다리가 있었는데, 주변 큰 바위 위에 '淸音(맑은 소리, 즉 자연의 소리)' 이라는 글씨가 또렷하게 새겨져 있었다.

그곳이 바로 청음각 입구였다. 아미산 십경 중의 하나인 '쌍교청음雙橋淸

○ 청음각 전경. 자연과 인공이 절묘하게 조화를 이루고 자연의 소리를 마음껏 즐길 수 있는 이 곳은 아미산 10대 절경의 하나로 꼽는다.

音' 을 듣는 곳이 바로 그 아래다. 그곳에는 아담한 우심정牛心亭(우심령牛心嶺 아래에 있어 붙여진 이름)이 있고, 그 아래로 두 갈래 물줄기가 나오며, 그 위로는 무지개형 다리가 놓여 있었다. 두 물줄기 중 하나는 물 색깔이 검고 또 다른 하나는 회기 때문에 전자는 흑룡강, 후자는 백룡강이라 부른다. 그리고 계곡 주위는 숲이 마치 병풍처럼 에워싸고 있었다. 문득 자연의 소리가 이곳으로 결집될 거라는 생각이 들었다.

내려가는 길에 우심정에 들렀더니 그곳에는 하얀 옷을 입은 관음상이 있었고, 다리 옆에는 '쌍비용교雙飛龍橋' 라는 글자가 새겨진 돌이 놓여 있었다. 아래쪽 전망대에는 인공적 색채를 덜기 위하여 난간과 탁자가 모두 돌로 만들어져 있었다. 그곳에 비碑가 하나 세워져 있는데, 이곳이 일명 '세심대洗心臺' 란다. 즉 자연의 소리를 들으며 마음을 깨끗이 씻으라는 의미다. 사원에서 도를 닦고 이곳에서 맑은 소리를 들으며 속세의 묻은 때를 깨끗이 씻는다면, 이 보다 더 좋은 수양터이자 안식처가 어디에 있겠는가?

세심대에서 고개를 들어 청음각 쪽을 바라보니 '자연 속의 정원이 바로 이런 곳이구나.'라는 생각이 절로 들었다. 계곡 속에 아담하게 자리 잡은 정자, 그것을 잇는 아치형 다리, 그 아래를 폭포수처럼 흐르는 두 갈래 물줄기, 그리고 주위로 빽빽이 들어찬 울창한 숲. 자연과 인공이 절묘하게 조화를 이룬 곳, 자연의 소리를 마음껏 즐길 수 있는 곳, 별유천지 신선세계가 청음각 앞 계곡 바로 이곳이었다.

청음각을 다녀온 근인近人 하혁거河絁炬가 낭도사浪淘沙라는 사詞에다 아래와 같이 가사를 붙였다.

깊은 골짜기라 하늘이 가려 있고
푸른 나무 사이로 안개가 피어난다
빈산에는 새소리만 수차례 들려오고
……
넘치는 폭포 깊은 소
맑은 소리 우심령 사이로 울려 퍼지고
두 갈래 물줄기 끝없이 흘러
내 마음 깨끗이 씻어 내린다

幽谷閉雲天, 碧樹生煙
空山鳥語數聲還
……
跌瀑深淵, 清音飄蕩牛心間
二水中分流不盡, 洗淨心弦

아미산 초입 사찰 보국사

오늘은 첫 코스가 보국사를 참관하는 것이다. 이른 아침 호텔을 나서니 아직도 비가 부슬부슬 내렸다. 보국사는 관광명소답게 입구가 아주 잘 꾸며져 있었다.

계단을 따라 올라가다 제일 먼저 눈에 띤 것은 '震旦第一山(진단제일 산)'이라는 금문金文체의 글씨가 새겨진 큰 바위였다. 세로가 약 10m 정도 되는데 주위의 숲과 어우러져 자연 그대로인양 싶었다. 그 뒤 정중앙에 '左 書震旦(좌서진단)'이라고 하여 '진단'에 대한 해설을 적어놓았는데, 붉은 대리석에다 글을 새겨 놓아 화려하기 이를 데 없었다. 더욱이 그 사이를 통 과해 보국사로 이르게 한 것은 금상첨화였으며, 중국인의 조경 수준을 한 눈에 파악할 수 있었다.

잘 꾸며진 정원을 따라 약 50m 정도 올라가면 보국사 입구가 나오는데, 어느 곳을 가도 어김없이 볼 수 있는 것은 상하좌우로 걸려 있는 편액들이 었다. 산문山門에 들어서면서 사찰의 규모에 일단 놀랐다. 미륵전이 보이고 바로 뒤에는 대웅전이 있으며, 대웅전 양쪽으로는 대월산방待月山房과 오관 당五觀堂이 있다. 그곳에서 왼쪽으로 가면 지원祗園이라는 목조건물이 있는 데 면적이 거의 1천㎡나 되었다. 이곳이 아미산에서 가장 큰 강경설법講經 說法 장소이다. 대웅전 뒤에는 칠불전七佛殿이 있다. 칠불전 뒤에는 장경루藏 經樓가 있고, 그 왼쪽에는 아미산 불교협회 사무실과 불학원佛學院이 있다.

왼쪽으로 걸어 나가니 종고루鐘鼓樓가 마주 보이고, 바로 위에는 봉황정, 그리고 아래에는 고비림古碑林(옛날의 비석을 모아둔 곳)이 3단으로 빙 둘러 있었다. 이곳 고비림은 그런 대로 구색은 갖추고 있었지만 서안의 비림과는 비교가 되지 않았다. 오히려 그 주위를 에워싸고 있는 조림이 정돈이 잘 되어 있어 조경학과 교수들이 경탄하며 입을 다물지 못했다.

보살과 부처가 동거하는 능운사

보국사 참관을 끝내고 낙산시로 향했다. 한 시간 반 정도 지나 목적지에 도착하였다.

울산문蔚山門을 통해 길을 따라 올라가니 멀리 영보탑靈寶塔(당대에 지은 전탑磚塔)이 보이고, 제법 왔다 싶을 즈음에 넓은 주차장이 있고 능운사가 바로 앞에 보였다. 산문을 통과하지 않고 새로 생긴 길로 올라갔기 때문에, 능운사를 뒤편부터 거꾸로 참관하였다.

능운사는 앞에 낙산대불이 있어 '대불사'라고도 부르는데, 낙산시 동쪽 능운산 서란봉棲鸞峰에 위치하고 있다. 원래 당나라 천보 연간에 지었으나 후에 소실되고, 현재 있는 건축물은 대부분 청나라 강희 연간에 지은 것이다. 대웅전을 중심으로 앞뒤로 천왕전, 장경루가 있고, 낙산대불로 내려가는 곳에는 경수정競秀亭을 비롯하여 주위에 몇 개의 정자가 있다.

❍ 능운사 전경

　장경루를 통해 대웅전에 들어가니 3존尊 대불이 있는데, 삼신三身(법신法身, 보신報身, 응신應身) 대불이 함께 있는 것은 아주 드문 일이라, 이것이 능운사의 가장 큰 특색이라고 하였다. 능운사 왼쪽에는 동파루東坡樓를 위주로 건물과 정원이 잘 꾸며져 있는데, 원내에는 그의 조소상이 서 있다. 소동파의 고향은 이곳에서 얼마 떨어져 있지 않은 미산眉山인데, 수시로 이곳에 와 유람도 하고 술을 마시기도 했기 때문에 그를 기리기 위해 조성하였다고 한다.

　부주별가梧州別駕로 폄적되어 있던 황정견黃庭堅이 낙산을 지나다 능운산에서 「능운산을 유람하며(능운기유凌雲紀遊)」라는 시를 한 수 지었다.

　능운산이 빙긋 웃으니 복사꽃이 보이고
　삼십 년이 지나서야 겨우 집에 온 느낌
　봄바람 불고 봄비 내린 지금 이곳으로부터
　어지럽게 물길 따라 하늘가로 흘러가겠지

凌雲一笑見桃花

三十年來始到家

從此春風春雨後

亂隨游水到天涯

◉ 낙산대불

2. 삼산의 심장 낙산대불

능운사의 천왕전을 나오면 바로 앞에 경수정이 있는데, 바로 낙산대불의 머리 왼쪽에 해당한다. 그곳에서 아래를 보면 세 갈래 강이 보이고, 옆으로는 가파른 돌층계가 아래로 나 있다. 여기서부터 구곡잔도九曲棧道가 시작되는데, 잔도棧道(바위에다 구멍을 내어 나무를 꼽아 만든 길)처럼 바위에다 길을 만들어 그 모양이 구불구불하다고 하여 붙인 이름이다.

낙산대불은 낙산시 동쪽 능운산 서란봉棲鸞峰의 서쪽 절벽을 깎아서 만들었다. 오른쪽으로는 민강岷江, 왼쪽으로는 대도하大渡河, 그리고 가운데로는 청의강靑衣江의 강줄기가 합쳐지는 곳에 위치하고 있다. 당나라 현종 개원 원년(713)에 만들기 시작하여 덕종 정원 19년(803)에 완성하였는데, 도합 90년이 걸렸다고 한다. 세 갈래 강이 합쳐지는 곳이라 옛날부터 물살이 흉용洶湧하여 배가 자주 전복하자, 능운사의 해통海通스님이 선박의 안전을 기원하기 위하여 만들었다고 한다. 높이가 71m이고, 한쪽 귀 안에 세 사람이 앉을 수 있으며, 발등의 폭은 8.5m로 백여 명이 앉을 수 있다고 한다. 손톱은 마치 타원형탁자를 연상하게 하고 대불의 머리에는 소라 모양의 상투가 천여 개나 있다. 원래 낙산대불이 준공되었을 때는 목각木閣(나무 누각)을 만들어 전신을 씌웠다.

사람들에게 떠밀려 아슬아슬하게 구곡잔도를 내려가는데, 처음에는 대불의 머리밖에 보이지 않고, 조금 있다간 귀밖에 보이지 않고, 조금 더 내려가니 볼밖에 보이지 않았다.

구곡잔도는 대불의 오른쪽으로 내려가 발 부분을 지나 다시 왼쪽으로 올라가도록 되어 있는데, 워낙 가파르게 길을 놓았을 뿐만 아니라 군데군데 절벽을 파서 굴을 만들어 한 사람만 겨우 통과할 수 있는 곳도 많았다. 길이가 대략 400m 정도 되었는데, 내려올 때는 스릴을 느꼈지만 올라갈 때는 모두 힘에 부쳐서 앞사람만 보고 겨우 발걸음을 옮겼다.

낙산대불의 주위를 구곡잔도를 따라 돌면서 세세히 관찰은 했지만, 낙산의 거대한 수불睡佛을 멀리서 확인하지는 못하였다. '수불'이란 글자 그대로 '잠자는 부처'를 말한다. 능운산과 오우산 그리고 낙산대불을 강 건너 맞은편에서 바라보면, 오우산은 머리요 능운산은 몸통이며 구성산의 일부가 발이 되어 누워 있는 한 사람의 형체가 된다는 것이다. 거기에다 낙산대불이 있는 위치가 바로 심장이 있는 곳이다. 부처가 늘 사람의 마음속에 있다는 것을 실제 형상으로 증명한 셈이다. 세상 어디에 이런 거대한 조형예술이 있으며, 신앙과 자연을 이렇게 절묘하게 합쳐 놓은 곳이 있을까? 두고두고 뇌리에서 떠나지 않았다.

제4장

파촉의 자연경관

제4장. 파촉의 자연경관

물감을 풀어놓은들 이보다 아름다울 수 있을까! 사천성 중부에 위치한
성 중심 도시인 성도成都의 '서문西門 터미널'에서 버스를 잡아타고, 민강岷

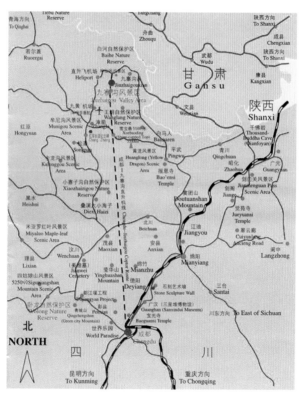

❏ 성도成都에서 도강언都江堰·무현茂縣을 지나 황룡黃龍·구채구九寨溝로
가는 여정이 표시된 안내도

江을 따라 북쪽으로 약 320km 올라가면, 감숙성甘肅省과 인접한 곳에 다채로운 빛의 물이 돌아드는 유명한 협곡 황룡黃龍과 구채구九寨溝 풍경지가 있다.

1. 지상에 드러누운 거대한 황룡

황룡黃龍 풍경지는 사천성 서북부의 아패장족강족자치주阿壩藏族羌族自治州의 송반현松潘縣 중심부에서 서쪽으로 56km 정도 떨어진 곳에 있다.

❖ 황룡黃龍 풍경구의 시작을 알리는 표지판

송반현

옛날 송반현松潘縣은 송주松州와 반주潘州 둘로 나뉘어져 있었는데, 이곳은 역사적으로도 유서 깊은 명승지다. 당唐나라 때 토번吐蕃의 수령 송찬간포松贊干布가 당시의 수도였던 장안長安으로 사신使臣을 보내 당 황실에 구혼한 바 있는데, 그 사신이 바로 이곳 송주를 지나다가 관가에 구류되었다. 이 때문에 크게 진노한 송찬간포는 20만 대군을 이끌고 침공하였고, 전쟁이 끝난 뒤에 결국 당唐 태종太宗은 문성공주文成公主를 시집보내어 화친한다.

○ 당 태종

오늘날에는 명明나라의 변방 수비대가 주둔하던 곳인 송반松潘 고성古城이 남아 있다. 이 성곽은 『송반현지松潘縣志』의 기록에 따르면, 명明 홍무洪武 12년(1379)에 장군 정옥丁玉의 건의에 따라 변방의 강족羌族을 방위할 목적에서 시공했으며, 다시 정통正統 연간(1436~1449)에 변방 소수민족의 봉기가 끊이지 않자, 결국 가정嘉靖 5년(1526)에 와서 중수하였다고 한다. 그리고 청淸 함풍咸豊 연간(1851~1861)에는 과중한 세금에 불만을 품은

강족과 티베트족이 무려 6년 동안 반청反淸 봉기를 일으켜 얼마간 이곳을 지배하기도 하였다. 오색찬란한 물이 에돌아 흐르는 유명한 협곡 황룡은 바로 이들 소수민족의 생활 터전이었던 것이다.

○ 관람객을 환영하며 나팔을 부는 현지 소수민족의 모습

○ 황금빛 거대한 용이 하늘로 승천하는 듯한 모습의 황룡黃龍 계곡

황룡구

황룡구黃龍溝는 특이한 지형 때문에 구채구九寨溝와 더불어 유네스코가 지정한 세계자연유산에 등록되어 있다. 그 지형은 해발 3,145~3,575m에 위치한 독특한 고산高山 협곡峽谷의 형태를 띠고 있는데, 마치 황금

○ 전설 속의 우禹 임금

빛 거대한 용이 이제 막 하늘로 승천하려는 듯 하다.

'황룡黃龍'이라는 명칭의 유래에 관해서는 두 가지 전설이 있는데, 그 하나는 바로 이 협곡의 모습과 관련된다. 마치 황색 용 한마리가 우거진 숲을 뚫고 하늘로 날아오르는 듯해서 명명되었다는 것이다. 다른 하나는 정상에 위치한 절인 황룡사黃龍寺와 관련된다. 태고 적에 우禹

임금의 치수治水를 도왔던 황룡이 황룡사에서 은거하다가 득도하여 승천하였다는 전설이 그것이다.

실은 이 지역의 토양에는 화학 원소 중에서 특히 석회질 성분이 높아, 이처럼 물의 색채를 황금빛으로 보이게 한 것이다. 오랜 세월동안 자연적으로 암석이 녹아내려 용의 비늘과 같은 무수한 연못이 생겨나고, 여기에 투명한 물이 에돌아 흐르는 총 면적 약 22㎢의 장관이 바로 황룡 협곡이다. 운무雲霧가 자욱한 물가에는 다채로운 교목喬木이 솟아 있고, 마치 거울에 비친 듯 짙푸른 그림자를 드리워 한층 신비감을 더해 준다. 용의 등줄기를 부여잡듯 숨을 고르며 정상에 오르면, 저 멀리 흰 눈이 소복이 덮인 설산雪山이 마치 황룡의 승천을 도도하게 내려다보고 있는 듯한 착각에 사로잡힌다.

❂ 황룡의 승천을 내려다보는 듯한 설산雪山의 모습

黃龙风景区游览示意图

● 雪宝顶

转花池
五彩池
石塔镇海
● 龙王庙
映月彩池
黄龙寺
玉翠彩池
黄龙洞
琪树流芳池
接引桥
中寺
杜鹃峡彩池
明镜倒影池
龙背琉金滩
盆景池
争艳彩池
金 沙 铺 地
洗身洞
金瀑泻银
財神庙遗址
飞瀑流辉
迎宾池
覌音堂遺址
瑟尔嵯宾馆

○ 황룡黃龍 풍경구 안내도

영빈지에서 황룡사까지

황룡黃龍 풍경구의 입구에 자리한 첫 번째 연못은 '객을 맞이하는 연못'이라는 의미의 '영빈지迎賓池'이다. 그 뒤로 굽이굽이 산길을 따라 놓여진 나무 계단을 오르면, 높이가 10m쯤 되고 폭이 60여m나 되는 암벽에서 은빛 물살이 날아오르는 듯하다가, 마치 반짝이는 구슬처럼 대굴대굴 쏟아져 내리는 폭포 '비폭유휘飛瀑流輝'가 있다. 폭포 아래에는 햇살에 반사되어 무지개 빛을 닮아버린 다채로운 빛의 연못이 고요히 놓여 있다.

○ 주변의 경관에 따라 빛을 달리하는 연못

○ 무성한 나무숲과 연못이 어우러진 모습

이 폭포를 등지고 다시 나무 계단을 따라 올라가면, 물이 샘솟는 동굴 세신동洗身洞에 이른다. 이 동굴은 높이가 1m가량 되고 폭이 약 1.5m이다. 그 안에는 안개가 피어오르는 가운데, 연노랑과 우윳빛의 종유석鐘乳石이 가득하다. 이러한 신비로운 분위기 때문인지, 먼 옛날 신선神仙이 여기에서 도를 닦았다는 전설이나, 아이를 낳지 못하는 여인이 이곳에 들어가면 아들을 얻게 된다는 미신이 전한다.

그 위쪽으로는 길이 1,500m 너비 70~120m에 달하는 커다란 연못들이 마치 용의 비늘처럼 연달아 길게 놓여 있다. 여기가 바로 전체 황룡의 모습 중에서 척추 부위에 해당하는 듯하다. 이 연못들 중에 가장 장관을 이

○ 물감을 풀어놓은 듯한 황룡黃龍 계곡 연못의 모습

○ 황룡사黃龍寺 전경

루는 곳이 바로 100개에 달하는 작은 연못들로 구성된 분경지盆景池이다. 그 형상은 수많은 연못들이 겹쳐져 마치 연못 안에 또 다른 연못이 있는 듯하며, 황색·백색·갈색·회색 등 연못 바닥의 색채에 따라 물의 빛이 달라져 그저 신비롭기만 하다. 실로 승천하던 황룡이 지상에 내려앉은 것이 아니라면, 이리도 조화로운 모습이 어떻게 생겨날 수 있을지 의심스러울 따름이다.

황룡구의 입구로부터 가쁜 숨을 몰아쉬며 3.5km쯤 올라가면, 분교笨敎 사원인 황룡사黃龍寺의 전각이 하늘을 떠받치듯 우뚝 솟아 있다. 『송반현지宋潘縣志』에 "황룡사는 명明나라의 병마사兵馬使 마조근馬朝觀이 세운 것으로 '설산사雪山寺'라고도 하는데, 황룡진인黃龍眞人이 여기서 도를 닦았다는 전설 때문에 붙여진 이름이다. 전사前寺·중사中寺·후사後寺의 세 전각이 각기 5리里씩의 거리를 두고 세워져 있다.(黃龍寺 明兵馬使馬朝觀建 亦名雪山寺 相傳黃龍眞人養道於此 故名 有前中後三寺 殿閣相望 各距五里)"라는 기록이 있다.

황룡 중사는 약 500㎡의 면적을 차지하고 있으며, 지붕의 모양은 홑처마

❖ 해질 녘 고즈넉한 모습의 황룡사黃龍寺 풍경

單檐 팔작지붕歇山式으로 되어 있다. 본래 여기에는 영관전靈官殿 · 미륵전彌勒殿 · 천왕전天王殿 · 대불전大佛殿 · 관음전觀音殿의 다섯 가지 신전이 있었는데, 지금은 관음전과 십팔나한十八羅漢의 신상神像만이 남아 있을 뿐이고, 그것도 최근에 수리한 것이다. 황룡 중사에서 약 2.5km를 더 올라가면 황룡구의 정상에 해당하는 곳에 명나라 때의 것으로 보이는 황룡사의 본전 즉 황룡 후사가 있다.

황룡 후사의 대문에는 거대한 용이 채색으로 그려져 있고, 그 위에는 좌로부터 '비각유단飛閣流丹', '황룡고사黃龍古寺', '산공수벽山空水碧'이라 새겨진 편액이 걸려 있다. 절간 안에서는 스님과 도사가 어우러진 채 황룡진인 단성丹成을 중앙에 모시고, 그 옆에 여동빈呂洞賓과 갈홍葛洪 그리고 관음觀音 · 문수文殊 · 보현普賢 보살을 함께 모시고 있다. 이러한 아이러니한 모습에서 불교와 도교가 혼합된 민간 신앙의 단상을 엿볼 수 있다. 황룡 후사의 영련檻聯에는 황룡구의 신비로운 모습이 다음과 같이 묘사되어 있다.

> 삼천 가지 푸른 연못은 황룡과 더불어 날아가고
> 한 조각 흰 구름은 학두루미를 따라 날아드네

碧水三千同黃龍飛去
白雲一片隨野鶴歸來

이밖에 황룡 후사에서 좌측으로 10m 떨어진 곳에 황룡동黃龍洞이 자리하고 있다. 그 안에는 갖가지 모양의 종유석이 달려 있고, 가운데에는 좌불상坐佛像이 놓여 있다. 그러나 동굴 안에 인공적으로 빨강과 파랑의 조명을 밝혀 놓아, 화려하다기보다는 오히려 조잡스러워 보였다. 황룡사에서는 황룡진인이 도를 닦아 신선이 된 날이라 전하는 음력 6월 15일 전후에 묘회廟會를 성대히 거행한다고 하므로, 그 날짜에 맞춰 황룡사를 찾는 것도 좋으리라.

2. 천상의 빛을 고스란히 담은 구채구

구채구九寨溝는 아패장족강족자치주阿壩藏族羌族自治州를 가로질러 흐르는 민강岷江의 상류이자 가릉강嘉陵江의 시발점인 남평현南坪縣에 위치해 있다.

동화 같은 전설

신선한 공기를 한껏 들이마시며, 만년설이 소복한 설산雪山과 짙푸른 원

○ 대나무를 먹는 판다雄猫의 모습

시삼림原始森林 그리고 비췻빛 거울 같은 연못이 한데 어우러진 구채구九寨溝
의 신비로운 모습을 바라보고 있노라면, 마치 그림 동화 속에 빠져든 듯한
착각에 빠진다. 봄·여름·가을·겨울의 사계四季마다 서로 다른 분위기를
띠는데, 그 중에서도 가을의 경치가 가장 빼어나다고 한다. 안타깝게도 필
자는 한 여름에 이곳을 다녀와 많은 아쉬움이 남는다. 그럼에도 불구하고
주변의 경관에 도취되어 그저 여기서 살아가고픈 마음이 들기까지 했다.

　구채구란 면적 720㎢에 달하는 거대한 협곡으로서, 부근에 장족이 거주
하는 9개의 촌락이 있어 붙여진 이름이다. 이 지역에는 다음과 같은 전설
이 전해 내려온다. 만물을 관장하는 신 비앙타명열파比央朶明熱巴에게는 지
혜롭고 용감하며 예쁘고 착하기까지 한 9명의 딸이 있었다. 어느 날 설산
봉우리에 내려온 그들은 사악한 뱀이 물 속에 독을 뿜어 사람들을 죽이는
참혹한 광경을 보게 되었다. 이에 그 뱀을 물리치고 나서 각기 장족 청년과

결혼하여 살았다. 그 후에 자손이 번성하여 이곳 9개의 촌락을 이루었다는
것이다.

　이렇게 생겨난 구채구는 넓고 잔잔한 호수들로 온통 뒤덮여 있다. 호수의
물결은 숨을 죽인 듯 고요하여 정적이 감돌 정도이고, 그 빛깔은 때론 쪽빛
으로 때론 비췻빛으로 드러나 누군가 고의로 물감을 풀어놓은 것은 아닌지
의심하게 한다. 장족은 이 호수들을 108개의 '비췻빛 바다翠海'라 부른다.
어떻게 이처럼 아름다운 호수가 생겨날 수 있었을까?
　그것은 다른 하나의 전설을 통해 알 수 있다. 용감한 산신山神 달과達戈가
아리따운 여신女神 색모色嬷를 흠모한 까닭에, 뜬 구름으로 거울을 만들어
그녀에게 선물하였다. 그러나 색모가 실수로 그 보물 거울을 떨어뜨려 산
산조각이 났고, 결국 그 조각들이 108개의 호수로 변했다는 것이다. 이 호
수들은 전설 그대로 거울처럼 투명할 뿐만 아니라, 쪽빛 구슬로 엮은 목걸
이처럼 길게 이어져 있다. 그 앞에 서 있노라면, 동화 같은 전설의 분위기
에 흠뻑 젖어든다.

바로 구채구의 서북쪽에 위치한 해발 4,200m의 높은 산이 '달과'이며, 이 산을 마주보는 동남쪽의 산을 '색모'라고 한다. 이런 관념은 이 연인들에 관한 다음과 같은 또 다른 전설에서 비롯되었다. 어느 날 설산의 왕이 구채구를 엉망으로 만들자, 달과는 산림과 호수를 새로 만들 수 있는 녹색 보석을 찾으러 왕을 찾아갔다. 설산의 왕은 몰래 그에게 망각의 탕을 먹임으로써 색모의 존재를 잊게 하는 동시에, 자신의 딸 보설공주寶雪公主를 사랑하게 만들었다. 그 후 색모의 눈물이 달과를 깨어나게 했으며, 두 연인의 사랑은 보설공주를 감동시켰다. 결국 보설공주는 그들을 도와 녹색 보석을 찾아내고 구채구를 예전처럼 아름다운 모습으로 돌려놓았다. 이 사실을 알아차린 설산 왕이 보복하려 하자, 달과와 색모는 녹색 보석을 입으로 삼켜 두 개의 높은 산으로 변함으로써 설산 왕의 공격을 막아낼 수 있었다. 이처럼 거대한 산이 되어 구채구를 보호한 두 연인의 은덕에 감사하고자, 아직까지도 이 지역 사람들은 달과와 색모에게 제사지내며 복을 기원한다고 한다.

본래 구채구는 험준한 산으로 둘러싸인 자연 환경 탓에, 장족들이 자급자족으로 생계를 유지하며 외부의 문명과 단절된 채 살아가던 미지의 세계였다. 그러나 1982년에 중국의 국가급 명승지로 비준되었고, 1984년에 외부에 정식으로 개방되어 무수한 유람객을 유치하는 관광지가 되었다. 그리고 1992년에는 유네스코에서 지정한 세계자연유산에 등록되었다. 그러나 환경 보존을 위한 각고의 노력에도 불구하고, 너무도 많은 관광객이 이곳을 찾아 원래의 모습이 조금씩 훼손되는 듯 하다. 구채구를 찾은 필자 자신이 어쩌면 새로운 설산 왕일지도 모른다는 생각이 들었으니 말이다.

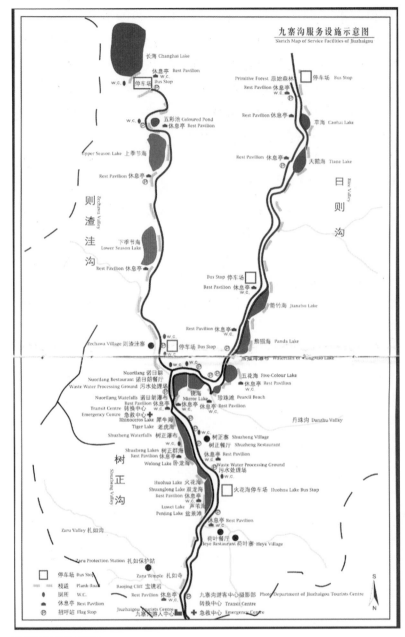

九寨沟服务设施示意图
Sketch Map of Service Facilities of Jiuzhaigou

长海 Changhai Lake
休息亭 Rest Pavilion
W.C.
停车场 Bus Stop

Primitive Forest 原始森林
Rest Pavilion 休息亭
停车场 Bus Stop

五彩池 Coloured Pond
休息亭 Rest Pavilion
W.C.

Rest Pavilion 休息亭
草海 Caohai Lake

Upper Season Lake 上季节海

Rest Pavilion 休息亭
天鹅海 Tiane Lake

Rest Pavilion 休息亭

则
渣
洼
沟
Zechawa Valley

日
则
沟
Rize Valley

下季节海 Lower Season Lake

Rest Pavilion 休息亭

Bus Stop 停车场
Rest Pavilion 休息亭
W.C.

箭竹海 Jianzhu Lake

Rest Pavilion 休息亭
W.C.

Zechawa Village 则渣洼寨
W.C.
停车场 Bus Stop
W.C.

熊猫海 Panda Lake

诺日朗瀑布 Waterfalls of Nongmao Lake

Nuorilang 诺日朗
Nuorilang Restaurant 诺日朗餐厅
Waste Water Processing Ground 污水处理场
五花海 Five-Colour Lake
休息亭 Rest Pavilion
W.C.

Nuorilang Waterfalls 诺日朗瀑布
Rest Pavilion 休息亭
Transit Centre 转换中心
Emergency Centre 急救中心
Rhinoceros Lake 犀牛海
Tiger Lake 老虎海

镜海 Mirror Lake
休息亭 Rest Pavilion
珍珠滩 Pearcll Beach
休息亭 Rest Pavilion
W.C.

丹珠沟 Danzhu Valley

Shuzheng Waterfalls 树正瀑布
树正寨 Shuzheng Village

Shuzheng Lakes 树正群海
Rest Pavilion 休息亭
Wolong Lake 卧龙海

树正餐厅 Shuzheng Restaurant
休息亭 Rest Pavilion

树
正
沟
Shuzheng Valley

Waste Water Processing Ground 污水处理场
W.C.

Huohua Lake 火花海
Shuanglong Lake 双龙海
Rest Pavilion 休息亭
Luwei Lake 芦苇海
Penjing Lake 盆景滩

火花沟停车场 Huohua Lake Bus Stop

休息亭 Rest Pavilion

Zaru Valley 扎如沟

休息亭 Rest Pavilion
荷叶餐厅 Heye Restaurant 荷叶寨 Heye Village

Zaru Protection Station 扎如保护站

停车场 Bus Stop
栈道 Plank Road
厕所 W.C.
休息亭 Rest Pavilion
招呼站 Flag Stop

Zaru Temple 扎如寺
Baojing Cliff 宝镜岩

休息亭 Rest Pavilion

九寨沟游客中心摄影部 Photo Department of Jiuzhaigou Tourists Centre
转换中心 Transit Centre
急救中心 Emergency Centre

Jiuzhaigou Tourists Centre
九寨沟游人中心

S
N

○ 구채구九寨溝 안내도

구채구

해발 1,990∼3,150m에 이르는 고도 때문인지, 관광객은 보통 산 아래에 자리한 매표소에서 소형 관광차를 타고 협곡의 정상에 도착한 뒤에 도보로 하산하면서 경관을 감상한다. 중국 정부의 환경 보존 정책 때문에 이곳의 관광차는 모두 환경에 무해한 연료로 운행되며, 호수에 뛰어드는 것은 물론 손을 담그는 것조차 철저히 금지되어 있다. 그러나 그 누구라도 이호수들을 직접 보게 되면 풍덩 뛰어들고 싶은 충동이 들기 마련이다. 다행히도 입구 근처에 있는 한두 개 호수에 손을 담그는 것 정도는 허가되어 있으니 안심해도 좋다.

지금은 수정구樹正溝 · 칙사와구則査洼溝 · 일칙구日則溝의 세 가지 협곡이 개발되어 관광객의 유람을 허락하고 있다. 우선 구채구九寨溝 유람지의 전체 면모를 살펴보면, 매표소 부근이 바로 수정구의 입구에 해당한다. 매표소에서 산을 따라 낙일랑諾日朗폭포까지 약 14.5km를 오르면 'Y'자 모양처럼 두 가닥의 협곡으로 나뉘는데, 바로 왼쪽의 것이 칙사와구이고 오른쪽의 것이 일칙구다. 칙사와구의 길이는 낙일랑에서 장해長海까지 18km에 이르는 여정이며, 일칙구 역시 낙일랑에서 정상의 원시삼림原始森林까지 그 길이가 약 18km에 달한다.

아래에서 우선 수정구 초입에 위치한 갈대가 무성한 호수 노위해蘆葦海로부터 코뿔소가 뛰어든 호수 서우해犀牛海까지의 경관을 소개하고, 다음으로 칙사와구와 일칙구의 분기점인 웅장한 폭포 낙일랑부터 칙사와구의 거대한 호수 장해長海까지를 개괄하며, 끝으로 호수가 많아 볼거리를 제공하는 일칙구의 거울 같은 호수 경해鏡海부터 판다가 뛰어노는 원시삼림原始森林까지 차례차례 살펴보도록 한다.

○ 물밑의 나무뿌리까지 그대로 보일만큼 투명하다.

'갈대 호수'에서 '코뿔소 호수'까지

　수정구樹正溝에 접어들면, 갈대 호수라는 의미의 노위해蘆葦海가 2.2km
쯤 길게 놓여 있다. 말 그대로 호수 주변에 갈대풀이 무성하기 때문에 붙여
진 이름인데, 물이 그런대로 맑아 물 속 잎사귀 하나하나의 흔들림까지 알
아차릴 수 있을 정도이다. 그 위에는 쌍룡해雙龍海와 화화해花火海가 있다.
전자는 호수 바닥의 모습이 마치 꿈틀대는 두 마리의 교룡蛟龍 같아 붙여진
이름이고, 후자는 파도 하나 일렁이지 않는 짙은 남색의 호수 위로 가끔 햇
빛이 반짝일 때에 마치 찬란한 불꽃이 튀는 듯하여 붙여진 이름이다.

　다음으로 거대한 용이 드러누운 듯한 호수 와룡해臥龍海가 자리하고 있
다. 이 호수의 이름과 관련해서 아주 재미난 전설이 있다. 먼 옛날 근처의
흑수하黑水河에 흑룡黑龍이 살고 있었는데, 매년 이곳 9개 촌락의 백성들이

○ 구채구九寨溝의 수중 분경盆景. 태고 속에서 자라는 새 생명의 생생한 모습. 원시 삼림과 광물질이 빚어낸 선경으로, 인간의 그 어떤 언어로도 표현하기 어려운 경지이다.

99일 동안 제사를 올려야만 비로소 물을 대어주었다. 백룡강白龍江에 사는 백룡白龍은 백성들을 불쌍히 여겨 자신이 관장하는 백룡강의 물을 보내주려 했다. 그러나 흑룡의 저지로 말미암아 백룡은 그만 호수에 빠지고 말았다. 이에 산신山神이 내려와 흑룡을 항복시켰으나, 백룡은 힘이 쇠진하여 백룡강으로 돌아갈 수가 없었다. 결국 오랜 세월이 흘러 호수 아래 누운 와룡으로 변하였다고 한다. 믿거나 말거나 호수 바닥에는 우윳빛 침전물이 있는데, 언뜻 보기에 그 모습이 마치 용이 살아서 꿈틀대는 듯하다.

이 호수를 등지고 얼마 안 가면, 수정군해樹正群海와 수정폭포樹正瀑布가 있다. 수정군해의 주변에는 측백나무나 소나무 등의 상록수들이 빼곡히 솟아 있고, 그 사이사이로 수십 개의 크고 작은 호수가 계단식으로 흘러내리며 때로 은빛 기포를 만들기도 한다. 호수마다 색채가 조금씩 다르고 크기도 달라 아기자기한 맛이 있는 곳이다. 호수들 사이로 굽이굽이 놓인 나무

◉ 코뿔소가 뛰어든 호수 서우해犀牛海

　계단을 디디며 한번쯤 손을 담가보아도 좋다. 이 호수의 상류에 수정폭포가 자리하는데, 그 폭이 62m에 높이가 15m쯤 되는 구채구의 4가지 폭포 중 가장 작은 폭포다.

　수정구의 끝자락에는 '코뿔소 호수'라는 의미의 서우해犀牛海가 있다. 이호수는 해발 2,400m 상에 자리하는데, 그 길이가 2km이고 수심도 18m나 되는 수정구에서 가장 큰 호수다. 여기에 주변의 경관과 구름이 반사되어 도무지 어디가 하늘이고 어디가 호수인지 알 수 없을 정도로 다채로운 빛을 띤다. 이 호수의 이름과 관련해서도 다음과 같은 전설이 전한다. 어떤 중병에 걸린 늙은 라마승喇嘛僧이 코뿔소를 타고 이곳에 와서 호수의 물을 마시니 병이 씻은 듯 나았다. 그 후로 이 라마승은 이곳을 떠나기 싫어, 아예 코뿔소를 탄 채 호수 안에 뛰어 들어가 살았다고 한다. 필자 역시 호수에 뛰어들고 싶은 마음을 간신히 억눌렀다. 그리고 한편으로는 구채구가 개발되기 전에 토박이들이 여기서 맘껏 헤엄쳤을 것을 생각하며 조금은 안타깝기도 했다.

'웅장한 폭포'에서 '거대한 호수'까지

　구채구의 일칙구日則溝와 칙사와구則渣洼溝로 나뉘는 분기점에는 웅장한 폭포라는 의미의 '낙일랑諾日朗 폭포'가 있다. 관광객은 보통 이곳에서 점심 식사를 하며 잠시 쉬어간다. 낙일랑 폭포는 총 18개의 호수로 구성된 낙일랑 군해群海 중의 한 경관으로 300m 너비에 높이 20m의 낙차로 떨어지는 폭포를 말한다. 본래 이곳은 폭포 없이 평평할 따름이었는데, 다음과 같은

　❖ 방직 기구의 모습을 닮은 낙일랑諾日朗 폭포

사건으로 생겨나게 되었다고 한다.

어느 해 찰이목덕扎爾穆德이라는 승려가 오랜 유람 끝에 천을 짜는 기구를 가지고 돌아왔고, 총명하고 아리따운 처녀 약의과若依果는 이 기구로 천 짜는 법을 익혔다. 그리고 이 기구를 낙일랑 호수에 두고서 동네 아가씨들이 보고 배우게 했다. 그러던 어느 날 흉악한 사내 나찰羅扎이 나타나 허튼 짓을 한다며 약의과와 방직 기구를 발로 차서 산기슭으로 떨어뜨렸다. 이때 갑자기 산 아래의 물이 치솟아 흉악한 나찰을 집어 삼키었고, 그 방직 기구는 지금의 폭포로 변하였다는 것이다. 티베트어로 '낙일랑'이란 '남신男神' 또는 '웅장하다'는 의미를 지닌다고 하니, 낙일랑 폭포는 '웅장한 폭포'라 해석할 수 있겠다. 점심을 맛나게 먹고 이 폭포 맞은편에 있는 누각에 올라 호수를 내려다보면, 바닥끝까지 훤히 들여다보여 절로 기분이 상쾌해지는 맛을 느낄 수 있을 것이다.

낙일랑 폭포의 왼쪽에 펼쳐진 협곡 칙사와구로 접어들어 한참을 올라가면, 처음으로 만나게 되는 호수가 바로 하계절해下季節海와 상계절해上季節海이다. 비록 두 호수는 멀리 떨어져 있지만, 그렇게 명명한 데는 나름의 이유가 있다. 바로 계절에 따라 호수에 고인 물의 양이 달라진다는 공통점이 그것이다. 비가 많이 내리는 가을철에 호수 가득 물이 고이며, 겨울과 봄을 지나 초여름이 되면 호수의 물은 거의 말라버린다. 그 즈음 호수 바닥에 풀이 자라나 소나 말을 방목하기에 좋은 곳이 된다. 그리고 상계절해의 바로 옆에는 오채지五彩池가 있다. 본래 짙푸른 색을 띠는 이 호수는 바닥의 침전물이나 주변에 돋은 식물들의 색채에 따라 오색찬란하게 보인다. 이런 특색은 아래에 언급할 일칙구의 오화해五花海에 견줄 만하다. 때문에 만약 여름철에 구채구를 찾는다면, 관광차를 타고 정상에 가서 장해長海만을 본 뒤에 낙일랑 폭포로 되돌아가 일칙구로 향하는 방법을 권하고 싶다.

오채지에서 1km쯤을 올라가면, 칙사와구의 정상인 해발 3,100m에 닿는다. 이곳에는 폭이 600m나 되고 수심 100m를 넘어서는 거대한 호수 장해가 있다. 이 호수는 깊은 수심 때문에 푸르다 못해 검은 빛을 띠며, 호수 가에는 노송老松이 솟아 있어 멀리 보이는 설산雪山과 절묘한 조화를 이룬다. 독특한 점은 이곳의 물이 다른 협곡에서 따로 유입되는 것이 아니라, 설산에서 녹아내린 눈이 고여 생성된다는 사실이다. 이곳에서 맑은 공기를 흠뻑 마신 뒤에 소형 관광차를 잡아타고, 다시 낙일랑 폭포로 내려가 경해鏡海에서 원시삼림原始森林에 이르는 일칙구의 경관을 감상하면 좋다.

'거울 호수'에서 '원시삼림'까지

낙일랑 폭포의 오른쪽에 일칙구日則溝 협곡이 펼쳐지는데, 그 초입에는 길이가 약 1km쯤 되는 거울 호수 경해鏡海가 자리하고 있다. 말 그대로 거울처럼 맑아 주변의 경관이 모두 호수에 비친다. 그리고 이 호수의 위쪽에 진주탄珍珠灘 폭포가 있다. 이 폭포는 너비가 200m이고 낙차의 폭이 약 40m이다. 떨어지는 물 알갱이가 햇빛에 반사되어 마치 진주처럼 빛나는 까닭

◑ 거울처럼 맑아 주변의 경치를 투영하는 경해鏡海 안내비.

❂ 구슬이 굴러 떨어지는 듯한 진주탄珍灘 폭포의 모습

에 붙여진 이름이다.

그 위로는 구채구에서 가장 아름답기로 유명한 경관이 3.5km나 펼쳐진
다. 우선 오화해五花海는 주변의 경치가 투영된 물의 빛이 마치 공작새의 날
개처럼 다양하여, 비취색·감색·녹색·황색·적색 등으로 보이는 까닭에
붙여진 이름이다. 다음으로 숲 속에 굽이굽이 펼쳐진 나무 계단을 따라 조
금 올라가면, 연달아 웅묘해熊猫海와 전죽해箭竹海를 만나게 된다. 일칙구 정
상에 사는 판다가 내려와 이곳에서 헤엄치고 먹이를 찾으며 물을 마신다는
풍문 때문에 붙여진 이름이다.

중국에서는 판다를 고양이처럼 생긴 곰이라는 의미에서 '웅묘熊猫'라 부
르고, 그 판다가 즐겨 먹는 화살촉처럼 뾰족한 대나무를 '전죽箭竹'이라 부
른다. 예전에는 전죽해의 가장자리에 대나무 숲이 즐비하였다고 하나, 지
금은 헤엄치는 판다도, 대나무 숲도 쉽사리 눈에 띠지 않는다. 그래도 여전

◎ 판다의 바다 웅묘해雄猫海

히 두 호수의 모습은 새파란 하늘에 떠다니는 흰 뭉게구름이 초록빛 호수 위에 그대로 투영될 만큼 신비롭기 그지없다. 그리고 여기에는 낙폭이 80m나 되는 웅묘해 폭포가 있다. 웅묘해 폭포는 구채구에서 규모가 가장 큰 폭포다. 폭포 근처에는 나무다리가 가로 놓여 있어, 그 위에 서서 호수를 내려다보면 호수의 전경을 감상할 수 있다.

여기서 가쁜 숨을 몰아쉬며 한참을 오르면, 이른바 '백조의 호수'라는 의미의 천아해天鵝海가 있다. 다른 호수에 비해 모래밭의 면적이 넓고 거기에 풀이 무성하게 돋아 있으며, 어디선가 새하얀 백조가 나타나 춤을 추기라도 할 듯이 주변은 고요하기만 하다. 실제로 이곳에 백조가 날아든다고 하지만, 환절기에 잠시 머무를 뿐이라서 아주 운이 좋지 않으면 보기 힘들다. 천아해의 끝자락에 초해草海가 있는데, 이 역시 물 위로 수초水草가 떠다니는 까닭에 붙여진 이름이다.

끝으로 일칙구의 정상에는 원시삼림原始森林이 있다. 이곳에는 적지 않은

○ 구름이 안개처럼 피어오르는 전죽해箭竹海의 모습.

판다가 서식하고 있기 때문에, 1980년에는 국가에서 '판다 보호지역'으로 지정하였다. 산림욕을 하듯 느긋하게 걷다가, 어쩌면 세계에 단 1,000마리 뿐인 희귀한 판다를 구경할 수도 있을 것이다.

제5장

파촉의
주거공간과 삶

제5장. 파촉의 주거공간과 삶

성도成都에서 황룡黃龍과 구채구九寨溝 풍경지로 가는 길목에는 옛날 수리 사업으로 유명한 도강언시都江堰市가 있고, 다시 그 북쪽으로는 외지인으로 하여금 소수민족의 문화를 얼마간 체험할 수 있게 하는 지역 토박이 강족羌族의 거주지 무현茂縣과 이현理縣이 있다.

➌ 도로 주변에서 흔히 들소牦牛의 해골을 접할 수 있는데, 이는 길상吉祥의 의미를 지니는 독특한 지역 풍물이다.

○ 토박이들은 관광객에게 들소 혹은 낙타를 태우고 사진을 찍는 대가로 돈을 받아 생계를 유지하기도 한다.

1. 고대 파촉인의 삶의 지혜

예로부터 '성도成都 평원에 사는 사람들은 가뭄과 홍수를 마음대로 제압할 수 있어 기근이 무슨 뜻인지도 모른다' 는 말이 있다. 이런 말이 전해진 이유는 바로 약 2,500년 전에 벌어진 민강岷江 수리 사업과 관련된다. 이 수리 사업의 결과로 성도 서북쪽으로 54km 떨어진 곳에 도강언都江堰이라는 오늘날의 댐과 유사한 개념의 구조물이 생겨났다. 이 구조물은 촉蜀나라가 막 들어섰을 즈음에 기초가 마련되었다. 그 후로 기원전 256년 진秦나라 소왕昭王 때에 촉 지방의 태수太守 이빙李冰 부자父子가 수맥을 감찰하다가 이곳에 오늘날과 같은 구조물을 만들었다고 전한다. 이 대목에서 옛 사람들의 지혜를 엿볼 수 있다.

도강언 수리 사업

수리 사업의 골자는 강의 중심부에 둑을 쌓아 물줄기를 두 가닥으로 분리하는 데에 있다. 이로써 민강岷江의 범람을 막아낼 수 있었을 뿐만 아니라, 관개용수로도 사용하여 물 부족 문제를 해결할 수 있었다. 1949년 중화인민공화국이 건국된 이후에 도강언都江堰을 확장 보수하였다. 이에 지금은 3만여 개의 크고 작은 수로가 생겨나, 주변 40여 개 현縣과 시市에 영향을 미치고 있다. 도강언의 구조는 어취魚嘴 · 보병구寶瓶口 · 비사언飛沙堰의 세 부분으로 나뉜다.

우선 어취란 물줄기를 주류인 외강外江과 지류인 내강內江의 둘로 나누는 민강 중심부의 긴 제방을 말한다. 그 모양이 마치 물고기 주둥이 같아서 붙여진 이름이다. 그리고 내강은 10m 남짓 되는 좁은 병 입구 모양의 보병구를 통과해서 성도成都 평원의 농업용수로 관개되어 쓰인다. 이런 구조는 내강으로 유입되는 물의 양과 수압을 조절하기 위한 것이다. 따라서 홍수가나서 내강으로 유입되는 물의 양이 지나치게 많아지면, 그 초과된 물과 진

● 도도히 흐르는 민강岷江의 물결에서 오랜 역사의 질곡을 느낄 수 있다.

흙이 자연스레 비사언을 통해 외강으로 배출된다. 이리하여 유입되는 내강과 외강의 물의 양은 홍수가 나면 4대 6의 비율이 되고, 가뭄이 들면 6대 4의 비율이 되어, 언제나 적절한 물을 농지에 공급할 수 있게 유지된다.

오늘날 어취 부근의 내강 쪽에는 나무판자를 깔아 만든 다리가 설치되어 있으니 한번 쯤 건너가 봄직 하다. 그리고 주변에는 복룡관伏龍觀이나 이왕묘二王廟와 같은 명승지가 있는데, 모두가 도강언 수리 사업을 벌인 이빙李冰을 치수治水의 신인 '이랑신二郞神'으로 숭배하는 풍토와 관련이 있다.

치수의 신 이빙

성도 지역의 젓줄인 민강岷江의 물줄기가 흐르는 곳곳에는 도강언都江堰

❁ 파촉巴蜀 지역에서 모시는 이랑신二郞神의 가면. 이마에 눈이 하나 더 있고, 송곳니 2개가 아래에서 위로 치솟은 것이 특징적이다. 가면은 곧 신령과 동일시된다.

수리 사업으로 인해 물을 잘 다루기로 유명해진 이빙李冰 부자父子를 이랑신二郞神으로 숭배하는 신앙이 오늘날까지도 짙게 남아 있다. 그런데 민간에서 숭배하는 이랑신은 이빙만이 아니라, 조욱趙昱·양전楊戩·등하鄧遐 등을 지칭하기도 한다. 각기 이랑신으로 받들어지게 된 내력이 다양하다.

우선 이빙은 『풍속통의風俗通義』에 의하면, 진秦나라 소왕昭王 때에 촉蜀나라를 정벌해 공을 세운 인물로, 해마다 동녀童女 둘을 바치는 강신江神을 물리쳐 백성의 근심거리를 해소시켰다고 전한다. 당唐나라 이후에 비로소 이빙을 '이이랑李二郞'이라 부르기 시작했으며, 주로 파촉巴蜀 지역의 신묘神廟에서 제사지내며 받들었다고 한다. 그러다가 송宋나라 이후에 다양한 내력으로 이랑신이 된 자들이 생겨났다. 그러나 역시 이빙이 이랑신의 원조 격인 셈이다.

조욱은 수隋나라 양제煬帝 때의 실존 인물로 도교道教에서 이랑신으로 받들며, 청원묘도진군淸源妙道眞君 또는 관구이랑신灌口二郞神이라 부른다. 당나라 유종원柳宗元의 『용성록龍城錄』에 조욱이 촉나라 가주嘉州의 수령이 되어 백성에게 해악을 끼치는 늙은 교룡蛟龍을 물리쳤다는 이야기가 처음으로 보인다. 그러나 이는 이빙이 강신을 물리친 민간 전설에서 파생된 허구적인 이야기일 따름이다. 그리고 양전은 『이견지夷堅志』에 송나라 휘종徽宗에게 총애 받던 신하라는 기록이 있는데, 후에 민간에 구전되다가 양이랑楊二郞 또는 이랑신으로 와전되었다. 끝으로 등하는 진晉나라의 유명한 장수로서 이랑장二郞將이라 불렸다. 그가 양양성襄陽城 북수北水에 사는 교룡을 물리쳤다는 전설이 이빙 및 조욱의 이야기와 혼합되어 민간에서 이랑신으로 받들게 되었다. 이와 같이 무수한 전설이 전해지지만 도강언 주변에서 섬기는 이랑신은 바로 원조 격인 치수의 신 이빙을 지칭한다.

복룡관과 이왕묘

도강언都江堰 주변에는 민간의 이랑신二郞神 숭배와 관련된 유적으로 복룡관伏龍觀과 이왕묘二王廟가 있다. 우선 복룡관은 이퇴공원離堆公園 안에 위치하는데, 이빙李冰이 수리 사업을 벌일 때 당시 민강岷江에 살던 사나운 용을 복종시킨 곳이라 한다. 오늘날 복룡관 전전前殿의 정중앙에는 3m 높이 쯤 되는 이빙의 석상石像이 있는데, 대략 동한東漢 때인 168년에 만들어진 것이라 한다. 그리고 전각 안에는 동일한 시기에 도강언 보수에 참여했던 기술자의 석상이 있고, 당唐나라 금선金仙과 옥진玉眞 공주가 부근의 청성산靑

○ 도강언

城山에서 수행할 때 남겼다고 전하는 비룡정飛龍鼎이 있다. 전각의 뒤편에는
관란정觀瀾亭이 있는데, 잠시 숨을 고르며 도강언의 물살을 한 눈에 내려다
보기에 좋은 곳이다.

　다음으로 이왕묘는 민강 좌측의 산기슭에 자리한 채 도강언의 어취魚嘴를
바라보고 있다. 본래 이 터는 촉蜀나라의 왕 두우杜宇를 기리던 망제사望帝祠
가 있던 곳인데, 제齊나라 건무建武 연간(494~498)에 이빙 부자를 모시는
전각으로 바뀌어 숭덕사崇德祠라 이름 지었다. 다시 송宋나라 황실에서 이빙
에게 왕의 칭호를 하사하면서, 후세 사람들이 이왕묘二王廟라 부르기 시작
한 것이다. 본전에는 이빙 부자의 신상神像이 놓여 있고, 그 곁에는 수리 사
업을 칭송한 시인묵객詩人墨客들의 명언이 새겨진 비석이 있다. 청명절淸明節
에는 온 마을 사람들이 이왕묘에 모여 이빙에 대한 제사 의식을 성대하게
벌인다.
　이밖에 옛날 소수민족이 성도成都 평원으로 진입하던 연강고도沿江古道의

❶ 이왕묘

관문인 옥루관玉壘關이 산기슭에 놓여 있다. 전하는 말에 의하면, 삼국시대
三國時代의 제갈량諸葛亮이 보낸 마초馬超 장군이 이곳에 주둔하며 도강언을
보위하였다고 한다. 오늘날에는 이곳 옥루관에서 1km 쯤 떨어진 이왕묘까
지 케이블카가 설치되어 있어 관람의 편의를 제공한다.

2. 토박이 강족의 주거공간과 민속신앙

　사천성四川省의 지도를 들여다보면 동쪽 지역은 한족漢族이 터를 잡은 반
면, 서쪽 지역은 오늘날까지도 강족羌族과 장족藏族의 거주지다. 그리고 사
천성을 동서로 양분하는 중심에 무현茂縣과 이현理縣이 있다. 이곳에는 고
대 강족의 방위용 건축물인 강조羌碉나 백석白石 숭배 의식의 하나인 제산
회祭山會와 같은 민속 풍물들이 전한다. 이를 통해 외지인에게는 낯설 수밖

에 없는 중국 소수민족 문화의 하나인 강족의 오랜 전통 문화를 엿볼 수 있다.

주거 공간 강조

강족羌族은 다민족 국가인 중화인민공화국의 55개 소수민족 중 하나이다. 어떤 이는 역사지리학을 근거로 강족이 한족漢族의 선조 격이며, 장족藏族 역시 여기서 유래하였다고 주장하기도 한다. '강羌'이라는 글자는 오랜 옛날 은殷나라 때의 문자인 갑골문甲骨文에도 보이며, 이 종족의 기원은 전설 시대인 염황炎黃시대까지 소급할 수 있다. 갑골문에 보이는 글자의 형태는 '밧줄과 족쇄로 묶여 있는 노예'의 형상을 나타낸 것으로서, 결국 이 글자는 은나라 귀족들의 노예를 지칭한다고 볼 수 있다. 본래 이들은 하夏나라의 왕족이었다가 은나라의 노예로 전락한 것이라고 한다. 이들은 오늘날까지 중국의 서부 지역인 사천성四川省, 섬서성陝西省, 감숙성甘肅省, 청해성青海省, 서장자치구西藏自治區 등지에서 주로 유목업에 종사하며 생존해 왔다. 그리고 민족 구성원의 일부는 특정 지역에 정착하여 농업에 종사하기도 하였다.

강조羌碉란 바로 이런 정착민들이 외래 부족의 침입을 방어하기 위한 용도로 만든 돌로 된 건축물을 말한다. 그 구조를 살펴보니, 우선 어쩌나 많은 외래 민족이 침입했으면 이리했을까 하는 첫인상과 더불어 매우 과

✚ 속이 빈 막대로 술동이에 담긴 술을 빨아 마시는 강족羌族의 풍습: 찰주扎酒

● 무현茂縣 흑호채黑虎寨의 산 위에 위치한 백석탑白石塔과 강조羌碉

학적인 종족이었다는 느낌도 들었다. 도강언都江堰에서 황룡黃龍으로 가는 길에 있는 강족 마을 가운데, 이현理縣 도평채桃坪寨의 강조가 비교적 완전하게 보존되어 있다.

도평채는 강족의 전형적인 촌락 구조를 띠고 있다. 이 마을은 북쪽으로 산을 등지고 남쪽으로 강을 접한 채 산 언덕에 놓여 있다. 마을에 있는 건물 모두가 돌로 만든 건축물인 강조의 구조로 되어 있으며, 마치 오늘날의 아파트처럼 수십 호의 강조가 남김없이 서로 연결되어 하나로 통합된 거대한 건축물이 된다. 강조 아래에는 사시사철 맑은 물이 흐르는 수로가 네모꼴로 연결되어 있어 평상시에는 생활용수로 사용할 수 있다. 그리고 이 수로는 상류의 관문을 닫기만 하면, 전쟁 등의

● 백석白石이 놓여 있는 이현理縣 도평채桃坪寨의 강조羌碉

● 무현茂縣 흑호채黑虎寨의 산 위에 있는 고대 강족羌族의 방위용 건물 강조羌碉

위급한 상황에 손쉽게 대처할 수 있는 지하 통로로 바뀐다. 강조의 형태는
돌로 만든 집 조방碉房과 돌로 만든 누대 '조루碉樓'의 두 가지로 나눌 수 있
다.

우선 주거 공간으로서의 조방은 일반적으로 4개의 층으로 구성되어 있으
며 각 층은 사다리로 연결된다. 1층은 소·양·돼지 등의 가축을 키우는
곳이고, 2층은 손님을 접대하거나 식사를 하는 거실 역할을 하며, 3층은
침실의 역할을 하고, 4층은 저장 창고 역할을 한다. 그리고 지붕에는 주위
의 동태를 살필 수 있는 조그만 공간이 있다. 이 공간의 면적은 전체 지붕
의 ⅓을 차지하며, 남쪽만이 뚫려 있고 나머지 삼면은 모두 낮은 벽으로 막
혀 있다. 그리고 북쪽 벽의 정중앙에는 백석白石이 놓여 있는데, 바로 이곳
에서 천신天神인 태양신太陽神을 모신다고 한다. 그런데 이 백석을 함부로
옮겨 놓을 수 있는 것은 아니었다. 조방이 완공되었을 때에 그 마을의 무당

인 석비釋比를 모셔다가 모종의 의식을 치룬 후에야 비로소 가져다 놓을 수 있는 것이다. 외지인의 눈에는 이 흰색 돌이 그저 굴러다니는 보통의 돌로만 보였을 따름인데, 이들에게 이토록 신성시되고 있다는 사실을 알고 조금은 놀라웠다.

조방의 입구는 보통 1층이 아닌 2층으로 직접 연결되며, 이동식 사다리를 타고 2층에서 1층으로 내려갈 수 있게 되어 있다. 하지만 이 사다리가 놓인 통로를 가구로 막아놓아 집안 식구들만이 알 수 있도록 위장했다. 1층은 지하 통로로 사용되는 수로와 연결되기 때문에, 우리의 방공호처럼 전쟁이 나기라도 하면 이곳으로 재빨리 대피하기 위한 것이다. 그리고 예전에는 2층의 가운데 기둥에 산양山羊의 해골을 걸어놓아 마을의 평안을 빌었다고 하는데, 아쉽게도 지금은 찾아볼 수가 없었다. 이밖에 2층에는 불을 때는 아궁이가 있고 조상의 위패를 모셔놓는 곳도 있다.

다음으로 '조루'란 높이 20~30m 가량 되는 사다리꼴의 건물을 말한다. 이것이 조방과 다른 점은 전쟁이 났을 때에 주위의 동태를 살피고, 봉화대처럼 외족의 침입 소식을 부근에 알리는 군사시설이라는 점에서 찾을 수 있다. 본래 도평채에는 3개의 조루가 있었다고 하는데, 지금은 마을 북쪽의 것과 남쪽의 것 2개만이 남아 있다. 그런데 이 두 가지 역시 지진 혹은 전쟁으로 인해 부분적으로 무너진 상태이다. 이현 도평채 외에도 무현茂縣 흑호채黑虎寨에 강조가 있는데, 이곳에는 무려 7개의 조루가 온전히 남아 있다. 한 층의 높이가 대략 3m쯤 되는데, 그 층수가 각기 5층에서 12층으로 다양하다.

강조 형태의 건축물과 관련해서 『후한서後漢書』「남만서남이전南蠻西南夷傳」에 강족이 "산에 돌을 쌓아 만든 집을 짓고 사는데 그 높이가 10여 장丈에 이르는 것도 있다.(依山居止 壘石爲室 高者十餘丈)"는 기록이 보이므로, 이러한 건축 방식은 적어도 2,000여 년의 역사를 지닌다고 할 수 있다. 한漢나라 무제武帝가 서남 지역 오랑캐를 평정한 BC.110년에 강족은 방위용 건

축물을 지어 전쟁에 대비하기 시작하였고, 동한東漢 왕조가 AD.42년 농서
隴西 지방에 거주하던 강족 총 인구의 약 ⅓을 학살하자, 이 지역에서도 다
투어 강조 형태의 건물을 지어 방어하기 시작했다고 한다. 그리고 당唐나라
때에는 토번吐蕃의 침입으로 인해 근처의 송주松州 일대에서 20여 년이라는
긴 전쟁이 벌어지기도 하였다. 오늘날 우리가 참관할 수 있는 무현 흑호채
의 강조는 바로 당나라 때인 AD.668년에 만들어진 것이라 한다. 이밖에
명明나라 때에도 한족漢族의 통치에 항거하는 강족의 반란이 끊이지 않았
다. 이처럼 전쟁이 끊이지 않는 변방 지역으로서의 특징 때문에, 강조와 같
은 과학적인 방위용 건축물이 생겨날 수 있었던 것이다.

백석 숭배

외지인에게는 그저 흰색 돌로만 보일 따름이지만, 강족羌族은 오래전부터
백석白石을 신성시하였다. 수렵으로 생계를 유지하던 석기 시대에 백석을
마찰시키면 불을 얻을 수 있다는 사실을 우연히 깨달았고, 이로써 어둠이
라는 두려움과 견디기 어려운 추위를 쫓고 음식을 익혀 먹을 수 있게 되었
기 때문이다. 그리하여 점차 만물에 영혼이 있다는 생각과 결부되어 백석
을 신으로 숭배하기에 이른다.

강족이 숭배하는 신은 최고 지위인 태양신太陽神 아포각격阿布却格으로부
터 산신山神 · 지신地神 · 양신羊神 · 수신樹神 등 무수히 많다. 그런데 이런 신
들이 모두 백석에 깃들어 있다고 여기는 까닭에, 집집마다 흰 돌을 지붕 위
곳곳에 올려놓고 숭배하는 독특한 풍습이 전한다. 그들은 이렇게 함으로써
재앙을 쫓을 수 있다고 믿는 것이다. 심지어는 죽은 자의 무덤에도 백석을
가져다 놓아 사후의 명복을 빈다.
또한 마을마다 주변의 산에 조그만 석탑을 세우고 그 위에 백석을 올려놓

◐ 무현茂縣 흑호채黑虎寨 산 위의 백석탑白石搭 주변에 모여든 아이들

기도 한다. 이런 백석 숭배 현상들은 무현茂縣 흑호채黑虎寨나 이현理縣 도평
채桃坪寨를 방문한다면 누구나 쉽게 감지할 수 있다. 지금까지도 남자들은
먼 길을 떠날 때 반드시 백석을 몸에 지니는데, 이는 떠돌이 유목 생활을
업으로 하는 이들에게는 지극히 자연스러운 일이다. 그리고 일부 농경 지
역에 사는 강족은 때로 백석을 가져다가 산봉우리나 언덕에 가져다 놓고
경배하곤 하였다.

◐ 곳곳에 보이는 마니퇴麻呢堆에서 백석白石 숭배 문화를 엿볼 수 있다.

❂ 마을 광장에 위치한 백석탑白石搭 주변에 마을 사람들이 모여 있다.

❂ 마을광장 백석탑白石搭 앞에 놓여진 촛대와 제물의 모습

오랜 세월이 흘러 그곳은 백석이 수북이 쌓인 마니퇴麻呢堆가 되었고, 그 마니퇴가 있는 산을 에워싸며 벌이는 강족 고유의 제산회祭山會 의식이 생겨나기에 이른다. 이 의식은 달리 전산회轉山會·제천회祭天會·산신회山神會 등으로도 불린다. 이는 백석 숭배의 일환이자 산 주위를 돌며 벌이는 마을 축제로서의 의미가 짙다.

제산회 의식

도강언都江堰을 지나 황룡黃龍으로 가는 여정에 잠시 무현茂縣에 들른다면, 일반 관광객으로서는 쉽사리 보기 힘든 이 지역 토박이 소수민족인 강족羌

族의 샤머니즘 문화와 전통 풍물을 접할 수 있다. 바로 무현 흑호채黑虎寨의 제산회祭山會 의식이 그것이다. 이 지역의 거의 모든 마을마다 제산회 의식을 행하는데, 그 날짜가 음력 정월 초여드레·사월 초하루·사월 초여드레·오월 초닷새·유월 초엿새·칠월 초이레·팔월 초여드레·시월 초하루로 서로 다르며, 해마다 1~3번 정도 거행한다.

보통 제산회 당일에는 집집마다 향을 사르며 지붕 위에 길상吉祥의 의미로 푸른 나뭇가지를 꽂고 마을 여기저기에 흰 종이로 만든 깃발을 꽂는다. 옛날 흑호채의 제산회는 마을 뒷산에 있는 높이 1m쯤 되는 백석 탑 주변에서 제의祭儀를 벌이고 그 산을 도는 형식의 의식이었다. 그런데 최근에는 산 아래의 마을 광장에서 제의가 벌어지고, 더불어 전통적으로 내려오는 민간 무용까지 공연한다.

다음은 흑호채 마을 광장에 세워놓은 백석 탑 앞에서 거행된 제산회 의식의 절차이다.

- 제산개로祭山開路
  - 가. 향불 쏘이기薰煙除穢
  - 나. 오곡 뿌리기撒五穀
- 제물 소 바치기祭獻神牛
  - 가. 노래 부르기拜仙調
  - 나. 북 치기敬神皮鼓
  - 다. 술 올리기開壇敬酒
  - 라. 독경하여 신 내리기誦經請神
  - 마. 희생 소 바치기獻神牛
  - 바. 백석 탑 돌기轉神塔
  - 사. 무명실 목에 걸어주기拴神線
- 무당 석비釋比의 법술法術

가. 꼬챙이 찌르기穿刺

나. 철사 삼키기呑簽化骨

다. 쇠고랑 놀리기耍鐵鏈

● 흑호채黑虎寨의 전통 무용 공연

가. 흑호장군무黑虎將軍舞

나. 옷섶 잡기 춤對衣襟舞

다. 살랑 춤薩朗

❂ 광장의 신단 옆에 있는 찰주扎酒 술동이 옆에서
쉬고 있는 마을 촌로의 모습

우선 '석비釋比'라 부르는 무당이 신단神壇에 향을 피워 놓고 주변에 오곡五穀을 뿌린다. 이 때 군중은 양가죽으로 만든 북을 치며 흥겹게 노래한다. 그 다음 석비는 '찰주扎酒 막대기' 즉 술을 빨아먹는 속이 빈 기다란 나무막대로 술을 찍어 사방에 뿌린 뒤에 주문을 외워 백석 신을 강림시킨다.

모든 의례는 석비에 의해 진행되기 때문에, 그 마을에 석비가 없다면 옆 마을의 석비를 초청하여 주재하게 한다. 석비는 제산회가 있기 한 달 전에 목욕재계 하고 향을 살라 그 연기로 몸과 마음을 씻는다고 한다.

다음으로 석비는 희생犧牲을 몰고 들어와 신에게 바치는 의식을 행하는데, 필자가 답사한 날에는 희생으로 소 대신 양을 사용하여 그 목을 비틀어 죽였다. 사실 외지인으로서는 이 때 바닥에 피가 홍건한 것이 영 마음이 좋지 않았다. 본래 제산회 의식에서는 희생으로 소 나 양을 바치는데, 마침 희생으로 준비한 소가 며 칠 전 죽었다며 대신 양 을 바쳐 경비를 절감한 듯도 하였다.

여하튼 양이 버둥거리 다가 완전히 숨을 거두 니, 석비와 악사들은 백 석 탑 주위를 두세 차례 돌며 그 피를 사방에 뿌 렸다. 그 다음 길이 50cm 쯤 되는 무명 끈 한 뭉치 에서 실을 한 가닥씩 뽑

❂ 흑호채黑虎寨의 제산회祭山會 의식을 주관하는 석비釋比

아 군중들의 목에 걸어줌으로써 정식 의례는 모두 끝이 난다.

그런데 이날 무현에서의 행사는 규모가 큰지 라, 근처 이현理縣과 문천현汶川縣 등 주변 마을 의 석비들도 참가하여 묘기 같은 고행의 법술 을 부렸다. 마을 광장 한가운데에서 한 석비가 볼에 쇠꼬챙이를 꽂아 다른 쪽 볼로 통과시키 는 묘기를 부리는가 하면, 다른 석비는 철사를 아무렇지 않게 씹어 먹기도 하고, 자신의 몸에 꽁꽁 감긴 쇠고랑을 스스로 풀어내기도 하였 다. 이러한 무당의 법술을 군중은 숙연히 지켜

❂ 제산회祭山會 의식에 제물로 바 쳐질 양의 생전 모습

보고 있었다. 군중은 이런 법술로써 마을에 재앙이 없어지고 풍년이 들 것이라 믿는 것이다.

이러한 법술이 끝난 뒤에는 흑호채에 전하는 세 가지 전통 무용을 공연하였다. 이 마을의 청년과 아가씨들이 직접 여러 가지 다양한 진을 짜가며 춤을 추고 민요를 부르는 형식이다. 본래 여자들은 제산회 의식에 참가할 수 없었으나, 최근 들어 참가를 허락한 것이라 한

◐ 제산회祭山會에는 떠들썩한 타악기 연주가 끊이지 않는다.

◐ 석비釋比가 두드리는 양 가죽 북 위에 최고 지위의 신인 태양太陽이 그려져 있다.

❂ 마을의 청년과 아가씨가 예로부터 흑호채黑虎寨에 전승되는 춤을 춘다.

다. 세 가지 민간 무용 중에 특히 흑호장군무黑虎將軍舞에 주목할 만하다. 이
곳에는 흑호 장군의 도움으로 마을이 재난을 피했다는 전설이 유포되어 있
다. 이에 그를 영웅으로 숭배할 뿐만 아니라, 마을의 이름 역시 '흑호채'라
부른 것이다. 이처럼 떠들썩한 분위기 속에서 온 마을 사람들이 제산회 의
식에 참가하고, 다음 날이 되면 희생으로 바쳤던 제물을 모두가 골고루 나
누어 먹는다. 이처럼 제산회는 엄숙한 무속巫俗 활동일 뿐만 아니라, 마을
사람들의 흥겨운 축제이기도 하다.

3. 여류시인 설도를 찾아서

성도成都에 가면 당唐나라의 유명한 여류 시인의 낭만과 만날 수 있다. 이
시인의 이름은 설도薛濤, 자는 홍도洪度이다. 원래 장안長安 사람이었으나 어
려서 아버지를 따라 촉蜀 땅으로 들어왔다. 아버지는 하층 관리였는데, 촉

❂ 망강루 공원에 있는 설도 동상

❂ 설도의 묘

땅으로 온 지 얼마 되지 않아 죽었다고 한다. 어머니가 청상과부에다 집안
마저 가난한 탓에 설도는 악적樂籍에 들어 악기樂妓가 되었다. 그러나 설도
는 선천적으로 음률에 능통하여 시가를 잘 지었고, 당시 유명한 사대부들
과 즐겨 교류하였다. 바로 위고韋皐 · 원진元稹 · 백거이白居易 · 두목杜牧 등의

기라성 같은 문인들과 창화唱和를 나누었다. 그녀는 성도의 백화담白花潭에 살면서 직접 송화지松花紙와 짙은 소채지小彩紙를 만들어 당시의 유명 인사들에게 선물로 주었다고 한다. 사람들은 이것을 '설도전薛濤箋'이라고 불렀다. 위고는 천서절도사川西節度使를 맡은 뒤에 그녀를 불러 함께 술을 마시고 시를 지었다. 그는 황제에게 주청하여 그녀를 교서랑校書郞에 제수하려고 하였다. 비록 호군護軍의 저지로 뜻을 이루지 못하였지만, 그 뒤로 사람들은 그를 '설교서薛校書' 혹은 '여교서女校書'라고 불렀다.

그 설도의 묘는 지금 사천대학四川大學 부근 망강루望江樓 공원의 서쪽 편에 있다. 망강루 공원은 역대의 시인 묵객들이 수많은 시문을 남긴 곳인데, 1889년 이곳에 망강루를 지으면서 공원이 조성되기 시작하였다고 한다. 망강루 공원은 설도를 기념하기 위해 조성된 것이다. 성도에서는 두보杜甫가 살았던 두보초당杜甫草堂와 함께 거론되는 명소이다.

◑ 망각루

망강루 공원 옆으로는 금강錦江이 흐른다. 강물에 비친 누각의 정취가 더욱 아름답다. 이 공원은 설도를 기념하기 위한 건물들이 주종을 이룬다. 숭려각崇麗閣을 중심으로, 설도가 물을 길어 만들었다는 설도전을 기념하기 위한 완전정浣箋亭, 설도가 차를 마셨다는 명완루茗碗樓가 있다. 설도의 집 앞에 비파가 심어졌다는 기록에 근거하여 비파 골목을 조성하였다. 이것이 비파문항枇杷門巷인데, 누창을 통해 대나무 숲을 사이에 두고 있다. 또 동문洞門은 유배지流杯池와 죽림이 통하도록 만들었다.

오늘날 전하는 설도의 시는 500수이다. 설도의 시는 이해하기 쉽지만, 속어도 여과 없이 사용하였다. 설도의 시를 감상해보자.

꽃이 피어도 함께 감상하지 않고
꽃이 떨어져도 함께 슬퍼하지 않더니
서로 그리워하는 곳을 묻노니
꽃이 피고 지는 때란다

花開不同賞
花落不同悲
欲問相思處
花開花落時

꽃이 피고 질 때 더욱 사람이 그리워진다고 했다. 전하는 말에 의하면, 설도는 자기가 살던 곳에 음시루吟詩樓를 세우고 시를 읊으며 놀았다고 하는데, 지금은 누각은 없고 옛 우물만 남아있다. 이 여류 시인을 기념하기 위하여 후에 묘 주변에 푸른 대나무를 심었다. 지금 망강루 공원에는 푸르고 수려한 대나무·자주색 대나무·작고 검은 대나무 등 진귀한 각종 대나무가 숲을 이루고 있다. 심지어는 망강루 공원을 대나무 공원이라고 부를 정도다. 설도가 특히 대나무를 좋아했기에 그것을 기념하기 위해 심은 것이다. 대나무와 비파 등 각종 식물이 망강루 공원과 설도의 시적 낭만을 더욱 짙게 하였다.

　망강루에 들어서면 다음과 같은 영련(기둥이나 벽 따위에 장식으로 써서 붙이는 글귀)을 만날 수 있다.

　꽃 그림자에 샛길은 언제나 어릿어릿
　물결 빛이 탁금루濯錦樓로 올라가려 하네

花影常迷徑
波光欲上樓

　이 영련은 이서李緖라는 사람이 탁금루濯錦樓(즉 망강루)를 위해 지은 것이다. 이 영련은 정련된 문자를 사용하여 형상을 풍부하게 만들었다. 짧은 두 개의 구를 가지고 날씨가 화창한 망강루 주변의 경색을 여실하게 묘사하였다. 의욕의 '욕欲'과 항상의 '상常' 두 글자를 사용함으로써 형상이 아주 생동감 있다. 이 영련을 보고 있노라면 공원 안에 들어가 직접 눈으로 보지 않아도 그 경관의 미묘함이 떠오른다.

　다시 망강루 영련을 하나 더 감상해보자.

　서한 문장은 사천이 가장 뛰어나고
　천년 동안 수많은 명사를 헤아려보니
　어떤 사람이 더 이상 오묘한 글을 지을까
　남쪽 물길이 큰 강이 되어 흐르고
　강물이 도도히 흘러 바다로 드는 것을 보니
　모두 이곳에서 발원하고 있구나

西漢文章蜀擅長
數遙遙千載名流

更有何人擒墨妙

南條水道江爲大

看滾滾白川放海

都從此處溯源頭

　　이 영련은 대빈주戴賓周가 숭려각崇麗閣을 위해 지은 언대言對이다. 이 영련은 사천의 인문지리로부터 출발하여 숭려각과 연계하여 사천의 유구한 문화전통을 찬양하고 파촉 지방의 인걸들을 부각시켰다.

　　문장과 인걸이 아름다운 사천의 산천을 그윽하게 만들었다. 설도가 살아 있는 망강루는 그 사천과 함께 오래도록 사람들의 눈을 즐겁게 하리라!

제6장

파촉의 공연예술

제6장. 파촉의 공연예술

1. 천부지화 – 천극

파촉 지역 문화를 이해하기 위한 답사에서 반드시 빼놓지 말고 봐야 할 것은 바로 사천지역의 공연예술이다. 지방의 전통공연예술은 오랜 동안 형성되어 이어져 내려온 그 지방 고유의 방언, 문화, 음악, 무용, 문학, 극장, 미술, 의상, 연기 등이 집중되어 있는 지역 문화의 총체적 집산물이기 때문이다. 이를 통해 우리는 각 지역의 문화적 차이와 특징을 더욱 명확하게 파악할 수 있으리라 본다. 특히 천부지국 사천지역 사람들은 그들의 삶터가 예로부터 물산이 풍부하여 다양하고 독특한 놀이문화를 만들어 즐겼다. 그 중 천극川劇은 천부지화天府之花라고 불릴 정도로 파촉 문화의 정수로 꼽히며 현재 중국 각지에서 공연되는 300여 종의 전통극 중에서도 규모와 흥행 면에서 단연 으뜸이다.

파촉 공연예술의 기원은 근래 성도에서 동한東漢시기 도자기로 만든 만면에 웃음을 띠고 북을 두드리며 설서說書하는 모양의 설서용說書俑 몇 존이 출토된 것으로 보아 아마도 동한 이전부터 크게 유행하였던 것으로 추정되고 있다. 한대漢代에는 잡기雜技와 가무류歌舞類 백희百戱가 공연되었으며, 당대唐代에는 이곳에 가무, 음악, 희곡이 대단히 성행하여 '촉희蜀戱가 천하의 으뜸(蜀戱冠天下)'이라는 말이 있을 정도였다. 송원명宋元明 시기에는 천잡극川雜劇이 있었고, 명말청초에는 남북 각지의 유민이 사천으로 들어오면서 각종 극종도 함께 유입되어 사천의 방언토속어, 민간풍속, 민간가무

음악, 설창 등과 융합되어 사천의 지역특색이 담긴 천극이 완성되었다.

'천극'이란 말에는 두 가지의 의미가 담겨 있다. 하나는 사천지역에서 형성된 지방희의 하나라는 의미를 지니고 있다. 천극은 명말청초 호남, 광동, 섬서 등의 외지인이 사천으로 대량 유입되면서 그들이 가져온 극종이 사천지역의 극종과 융합한 후 사천화 되어 이루어진 극이다. 즉, 천극은 사천 본지 극종인 화등희火燈戱의 천극 특유의 타악과 다른 지역에서 들어온 외래 극종 곤강崑腔, 고강高腔, 탄희彈戱, 호금희胡琴戱를 혼합하여 만들어졌다. 다시 말해, 천극은 각 극종이 원래 지니고 있던 형식과 풍격을 유지하면서 서로 다른 극종의 장점을 흡수하여 형성되었다. 당시 사천지역에는 수많은 민간극단이 있었으며 관청에서도 자체적으로 극단을 배양하여 여흥을 즐겼다. 또한 관민의 구별 없이 사천지역 사람들은 한 해를 보내거나 경사스러운 일이 있을 때면 극단을 불러 공연하게 하는 습속도 있었다. 때문에 사천에는 뛰어난 예인이 많이 배출되었다. 명단名旦 위장생魏長生도 그 중 하나로, 그는 일찍이 북경에서도 그의 공연이 황실과 일반 북경인들에게 좋은 반응을 얻은 것으로 보아 당시의 천극예술은 매우 독특하고 참신하였음을 알 수 있다. 이러한 공연형태는 청나라 말까지 '천희川戱'로 통칭되다가 대략 청조 동치同治시기부터 '천극'이라 불렸다. 천극의 공연중심지는 성도와 중경이며 사천성 전역과 운남, 귀주 일부 지역에서 유행하였다.

천극은 또 사천지역에서 행해지는 모든 공연예술을 총칭한다. 앞서 말한 바와 같이 극종으로서의 천극이란 의미 외에 동한시대 이전부터 공연되었던 설창예술, 나무인형으로 극을 이루어 공연을 하는 사천목우희四川木偶戱, 그림자극인 사천피영희四川皮影戱 등등 수많은 크고 작은 사천의 모든 공연예술을 통칭하는 말이기도 하다.

2. 천극지화 - 변검

천극은 예로부터 '촉의 배우는 대부분 문장에 능하며 박학다식하다'는 말이 전해져 내려 올 정도로 내용이 다양하고 대사가 세련되며 문학적이다. 동시에 천극은 사천방언과 노래를 이용한 사천인 특유의 유머감각에서 나온 재치 있는 말과 연기로 대중의 웃음을 끊임없이 자아내게 한다. 비극적인 내용도 이러한 표현을 이용해 희극적으로 처리되어 희극적인 분위기를 지니게 한다. 또 천극에 사용되는 언어는 해학적이고 통속적이기 때문에 일반 대중이 이해하기도 쉽다. 그리고 무엇보다도 다른 극종에서 찾아볼 수 없는 천극의 가장 큰 특징은 변검變臉을 들 수 있다.

변검은 천극지화川劇之花라고도 불리며 파촉 공연예술 뿐 아니라 파촉 문화의 명물로서 그 역할을 다 하고 있다. 이것은 천극을 공연할 때 배우가 얼굴에 있는 검보臉譜를 극의 분위기에 따라 바꾸는 연출기법을 말한다. 변검은 천극에서만 볼 수 있는 연기기술로 등장인물의 감정변화와 독특한 개

● 변검 공연

성을 얼굴에 나타내는 얼굴분장이다. 이 공연기법은 고도의 숙련된 기술이 필요하며 변검이라는 배우의 서스펜스를 통해 관중을 극 속으로 몰입시키는 역할을 하여 오락성과 재미를 한층 고조시킨다. 전통적인 변검에는 크게 말검抹臉, 취검吹臉, 차검撕臉 세 가지가 있다. 말검은 배우가 분장용 물감을 얼굴의 일정부분에 여러 겹 덧칠하고 바뀔 때마다 손으로 비벼 얼굴을 다른 색으로 변한 게 하는 방법이다. 취검은 갖가지 색의 화장분을 배우가 사용하는 용기나 술잔과 같은 그릇에 담아 무대의 특정위치에 비치해 두고 변검을 할 때마다 눈을 감고 숨을 멈추고 입으로 한번 힘껏 불어 얼굴색을 변하게 하는 방법이다. 차검은 배우가 비단 위에 그린 몇 장의 검보를 얼굴에 여러 겹 겹쳐 덮어 두고 매 장마다 실을 매어 두거나 특정위치에 고정시켜두었다가 한 장씩 찢어버리는 방법이다. 이때 배우는 검보를 바꾸는 동작이 관중들에게 보이지 않도록 해야 한다. 변검의 유형으로는 얼굴 전면을 바꾸는 변정검變整臉과 부분적으로 바꾸는 '변국부變局部'가 있으며, 변검에 쓰이는 검보 재료로는 나무, 종이, 천, 비단, 고무, 비닐 등 다양하다.

3. 천극공연장-촉풍아운

우리 답사팀의 일정 가운데 사천지역 공연예술 관람은 일곱 번째 날로 안배되어 있었다. 그날 낮에는 낙산대불과 도강언을 답사하고 저녁식사를 한 뒤 천극전통극장인 촉풍아운蜀風雅韻으로 향했다.

촉풍아운은 성도 시내 서남지역의 문화공원 안에 있는 청양궁靑羊宮에 위치하였다. 문화공원과 청양궁은 모두 명승고적지로 극장이 이곳에 소재하는 이유와 밀접한 관계가 있다. 문화공원은 서울의 대학로와 비슷한 성도인의 문화의 장으로 사람들이 많이 모여 드는 곳이다. 이 곳은 원래 촉의 궁전 일부분인 후화원後花園이었다. 청대에는 이곳에 도교사원인 청양궁이 세워졌다. 청양궁은 원래의 이름이 청양사靑羊肆로, 『도덕경道德經』에 나오는 문구 "그대가 천일동안 도를 행한 후, 성도 청양사에서 나를 찾으라.(子行道千日後, 于成都青羊肆尋吾)"에서 가져온 명칭이다. 후에 청양궁青羊宮으로 명칭이 다시 바뀌었다. 이후 이곳은 문화대혁명 때 문화공원으로 이름이 바뀌었다. 현재 문화공원과 청양궁의 모습은 여러 차례의 공사를 거쳐 문화대혁명 이전의 모습으로 복원된 것이다.

촉풍아운은 전통천극을 주로 공연하는 극장으로 100여 년의 전통을 자랑한다. 이 극장은 천극배우협회회관을 겸하고 있어 사천의 유명배우들의 요람이며 각 천극명인들의 중국천극절기中國川劇絕技를 공연하는 곳으로 널리 알려졌다.

필자일행은 극장표를 구입하고 극장 안으로 들어갔다. 극장표를 구입하

○ 극장 내부 풍경

니 프로그램과 극장의 안내 설명서를 함께 주었다. 극장은 원형 건물로 곁에서 보는 것과 달리 들어가 보니 천막으로 만든 실외공연장이었다. 답사 시기가 한창 더운 여름이어서 냉방기가 있겠거니 하며 들어갔는데 냉방기는 고사하고 가득 메운 사람들의 체온 때문에 실내온도가 오히려 바깥보다 더 높았다. 극장 안 중앙은 관람석으로, 사천에서 많이 나는 대나무로 만든 의자와 탁자가 일렬로 배치되어 있었다. 탁자 위에는 공연을 보면서 먹을 수 있도록 팔보차八寶茶와 말린 해바라기씨가 마련되어 있었다. 관람석 사이로 간간히 차동茶童이 주둥이의 길이가 1m가 넘는 사천의 전통 찻주전자 長嘴茶壺를 들고 다니며 관객들에게 찻물을 따라 주고 있었다. 나는 혹시나 차동이 실수를 하여 뜨거운 찻물이 내게 튀지 않을까 걱정스럽기도 하고, 또 한편으로는 차동의 능숙한 기술이 신기하여 공연 내내 그 찻주전자에게서 눈을 떼지 못했다. 또 중국 전통의상 치파오를 입은 아가씨들이 차와 함께 곁들일 수 있는 다과를 실은 수레를 끌고 다니며 손님들에게 판매하였다. 그리고 극장 가장자리에는 극장 벽면을 빙 둘러 상품 판매진열대가 있어 극이 시작하기 전에 관람객들에게 천극 관련 용품과 자료를 팔고 있었다. 물론 공연 중에도 구입이 가능하다.

그날은 평일 저녁이었는데도 불구하고 공연장의 좌석이 가득 찼을 정도로 관객이 많았다. 관객의 대부분은 사천사람들이었고 필자일행과 같은 외국인은 거의 없었다. 사실 천극과 같은 지방희는 지역 방언으로만 공연을 하기 때문에 타지역 사람들은 대사나 가사를 써 놓은 전광판의 도움 없이는 거의 알아들을 수 없다. 하물며 외국인에게 물어 무엇 하겠는가! 혹시나 하는 마음으로 그런 시설을 기대했었는데, 안타깝게도 촉풍아운에는 문자 전광판 시설이 없어 중국어를 배웠다는 필자도 대사 한 마디 알아듣지 못한 채 공연을 관람하였다.

우리가 관람하던 날 우리가 극장에서 구입한 표와 구입 시 함께 건네 준 프로그램의 내용은 아래와 같다.

- 극장주소: 사천성 성도 일환로 서이단 문화공원 내(四川省成都一環路西二段 文化公園內), 청양궁정문靑羊宮正門 쪽
- 공연시간: 매일 저녁 8:00~9:30분
- 가격: 100元(1등석 가격)
- 홈페이지: www.shufengyayun.com
- 공연프로그램
  1. 개장나고開場鑼鼓: 요태鬧台
  2. 천극절자희川劇折子戲: 석회옥경몽石懷玉驚夢
  3. 천극(매 공연마다 바뀜)
  4. 이호독주二胡獨奏: 양소良宵
  5. 변검토화變臉吐火

◐ 천극 절자희川劇折子戲 석회옥경몽石懷玉驚夢의 한 장면.

❍ 장두목우杖頭木偶의 한 장면. 장두목우는 사람과 인형이 동시에 등장하여 연기를 하는 민간곡예이다.

6. 사천청음四川淸音 : 포곡조아布谷鳥兒
7. 장두목우杖頭木偶
8. 고금독주古琴獨奏 : 관산월關山月
9. 등희燈戱 : 곤등滾燈

이 가운데 인상에 남는 공연 몇 꼭지만을 소개해 보기로 한다. 첫 번째로 공연을 했던 개장나고開場鑼鼓는 바로 전체 공연의 시작을 알리고 분위기를 돋우는 역할을 하는 개장공연이다. 이때 사용했던 주요악기는 징鑼과 북鼓으로 경쾌하고 흥겨운 사천풍 리듬의 음악을 연주하였다. 두 번째 공연은 천극의 한 단락을 공연하는 사천절자희川劇折子戱로,「석회옥경몽石懷玉驚夢」을 연출하였다. 네 번째는 이호독주二胡獨奏 두 곡이 연주되었다. 이호는 호금胡琴의 일종으로 현현弦이 두 줄인 현악기를 말한다. 이날의 연주는 연주자의 연주 기술도 좋았지만 사천의 서정적인 선율이 대단히 인상적이었다. 다섯 번째로 변검토화變臉吐火를 공연하였는데, 이날 공연에서는 천극의 극

● 화등희火燈戱. 머리에 화등을 얹고 묘기를 선보이는 축역의 화등희 연기자.

속 연기기술이 아닌 따로 독립된 하나의 기예技藝로서 공연되었다. 변검과 토화는 이날 프로그램 중 관중들에게 호응이 가장 좋았던 공연으로, 배우가 얼굴을 한 번 돌릴 때마다 검보가 바뀌는 동작과 불을 내뿜는 토화기술은 관중의 감탄을 연발시켰다. 분위기가 최고조로 올랐을 때 배우는 연속으로 대여섯 번씩 검보를 교체하여 자신의 기술을 뽐내었다. 전체 공연의 마지막을 장식했던 화등희는 변검에 이어 가장 다채로운 공연을 선보였으며 이날 공연의 하이라이트였다. 공연내용은 무서운 아내에게 괴롭힘을 당하는 어느 공처가 관리의 이야기였다. 우스꽝스러운 분장과 의상을 입은 남편 역의 배우는 새침하고 드센 아내의 명령에 따라 아슬아슬한 묘기들을 여러 차례 선보였다. 그 가운데 머리에 촛불이 켜진 그릇을 이고 갖가지 묘기를 부리는 장면은 우스꽝스러우면서 절묘했다. 화등희는 천극을 형성하는 여러 곡종 중 유일한 전통 사천 지방희로서 '사천토곡四川土曲'이라고도 부른다. 주로 대통통大筒筒, 호금胡琴, 판호板胡, 이호二胡로 반주하며 대부분 희극이나 풍자극류의 소형공연예술에 공연된다.

공연이 모두 끝나자 관중들의 큰 박수갈채가 쏟아 졌다. 이어 진행자가 나와 폐회사를 하였고 그날 공연된 공연이 모두 CD나 VCD로 제작되어 있으며 연주자나 공연자가 직접 싸인 하여 판매한다고 알려주었다. 필자는 개인적으로 가장 마지막에 공연되었던 화등희에 관심이 있어 판매대로 갔다. 화등희를 공연했던 주인공이 공연을 막 끝내고 무대에서 내려와 숨을 몰아쉬며 땀이 송골송골 맺힌 채 판매대 앞에 앉아 구입자에게 일일이 인사를 하며 자신의 VCD에 싸인 해주고 있었다.

필자도 공연관람기념으로 그가 싸인 한 VCD를 한 장 산 후 일행이 있는 버스에 올라 다음 일정으로 향했다. 이날 보았던 그 화려한 의상과 검보, 배우의 현란한 몸짓과 음악, 그리고 이와 함께 어우러진 사천방언이 빚어낸 천극은 지금까지도 뇌리에 선명하게 남아 있다. 경극이나 곤극과는 다른 그 어떤 매력이 천극을 '천부지국', '천부지화' 라는 영예로운 이름으로 존재하게 하는 것이 아닐까.

중국문화답사기 3

– 파촉지역의 천부지국을 찾아서

지은이 권석환 · 김동욱 · 심우영 · 정유선 · 김순희
펴낸이 정효섭
펴낸곳 (주)다락원

초판 1쇄 인쇄 2007년 1월 22일
초판 1쇄 발행 2007년 1월 29일

책임편집 최준희
디자인 차이나박스

다락원 경기도 파주시 교하읍 문발리 509-1
Tel: (02)736-2031
(내용문의: 내선 401~405 / 구입문의: 내선 113~114)
Fax: (02)732-2037
출판등록 1977년 9월 16일 제300-1977-23호

값 8,000원

ISBN 978-89-5995-603-6 04910
      978-89-5995-602-9 (세트)

http://www.darakwon.co.kr